W0072906

Alice und Rolf Schurr

Das große Buch für die

Strickliesel

Pfiffige und lustige Ideen für den Strickschlauch

Weltbild

Inhalt // Bastelideen für die Strickliesel

Einführung

Zum Spielen und Liebhaben

Zum Schmücken deines Zimmers

Inhalt // Neue Ideen für die Strickliesel

Bastelideen für die Strickliesel

Neue Ideen für die Strickliesel

Hallo, ihr lieben kleinen Bastlerinnen und Bastler,

bestimmt ist euch schon mal die Strickliesel begegnet, vielleicht bei Freunden oder im Kindergarten oder ihr habt sogar solch eine Strickliesel selbst bei euren Spielsachen. Und sicher habt ihr dann auch schon mal über die bunten Schläuche gestaunt, die beim fleißigen Stricken mit der Strickliesel entstehen. Um diese Sache also geht es in unserem Buch.

Ihr könnt euch sogar ein etwas dickeres Strickpüppchen selbst basteln, ein Strickrohr, mit dem ihr dicke Schläuche und daraus wieder ganz tolle Dinge fabrizieren könnt. Und stellt euch doch auch mal vor, wie sich die anderen freuen, wenn sie von euch etwas selbst Gestricktes geschenkt bekommen. Also, los geht's und viel Spaß!

Das wünschen euch
eure Alice und euer Rolf

So strickst du mit der Strickliesel

Stricklieseln gibt es in ganz unterschiedlichen Formen. Die fertig gekauften haben vier Nägel, um die das Garn gelegt wird, sodass nur ziemlich schmale Schläuche gestrickt werden können. Aus stabilen Papprollen, Kraftklebeband und Nägeln kannst du aber ganz einfach Strickröhren für breitere Schläuche basteln.

Du wickelst den Anfang des Wollfadens um eine Stricknadel und schiebst diese von oben nach unten durch die Strickliesel, bis unten ein kurzes Stück Faden erscheint. Du kannst aber auch eine Häkelnadel von unten nach oben durch die Strickliesel stecken, den Faden um den Haken legen und die Häkelnadel samt Faden zurückziehen. Lege Strick- oder Häkelnadel beiseite und zieh den Faden noch ein Stück aus der Strickliesel heraus, damit er nicht beim Umwickeln der Nägel gleich wieder verschwindet.

Wickle den Faden, der zum Knäuel führt, zweimal von links nach rechts um einen der Nägel und hebe die untere Fadenschlinge mit dem Stäbchen, das zur Strickliesel gehört, oder mit einer Häkelnadel so über die obere, dass nur noch eine Schlinge auf dem Nagel liegt. Lege dann den Faden nach rechts zum nächsten Nagel und fahre so fort, bis die erste Runde fertig ist. Von nun an legst du den Faden immer vor den nächsten Nagel und hebst die Schlinge von unten über Faden und Nagel. Den unteren Fadenanfang oder – wenn du schon ein Stück gestrickt hast – den entstehenden Schlauch musst du immer straff ziehen.

Noch einfacher gelingen beliebig lange Schläuche mit der Strickmühle (siehe Abb. auf Seite 11), bei der du nur eine Kurbel drehst und den Strickschlauch buchstäblich im Handumdrehen produzierst.

Die Größe der Figuren hängt von der Wollstärke ab. Für unsere Modelle auf der Strickliesel oder der Strickröhre haben wir Wolle für Nadelstärke 3,5 bis 4,5 gewählt. Für die Strickmühle muss das Garn etwas feiner sein (für Nadelstärke 2,5 bis 3), sodass die Figuren etwas kleiner werden.

Wenn dein Strickschlauch die gewünschte Länge hat, musst du das Schlauchende versäubern: Nimm die Maschen von den Nägeln auf die Stopfnadel, führe den Faden durch die Maschen, zieh ihn an, damit die Maschen zusammengerafft werden, und vernähe das Fadenende. In den Anleitungen steht dafür gewöhnlich nur Schlauchende versäubern.

Heißt es im Text Anschlag versäubern, dann bedeutet dies Folgendes: Trenne den Anschlag vorsichtig auf, nimm die Maschen der ersten echten Runde auf die Stopfnadel und fahre fort wie beim Versäubern des Schlauchendes.

So bastelst du deine eigene Strickröhre

Wie dir sicher schon aufgefallen ist, kannst du mit der Strickliesel nur Strickschläuche herstellen, die vier Maschen dick sind, denn sie hat nur vier Nägel. Für viele Vorschläge in diesem Buch brauchst du aber einen dickeren Schlauch. Dafür bastelst du dir selbst eine Strickröhre mit 6, 11 oder 16 Nägeln. Gestrickt wird genau wie mit der Strickliesel. Wie dick deine Strickröhre sein soll, steht bei jeder Anleitung an erster Stelle.

Das brauchst du

Pappkerne (z. B. vom Faxpapier) oder Papp-Versandrollen mit entsprechendem Durchmesser und ausreichender Wandstärke (etwa 2 mm)
Messingnägel, 2 mm Ø, 2 cm lang, mit Linsenkopf
Multi-Kraftband (extra starkes Gewebe)
Bastelsäge
Schere
Heißklebepistole mit Patronen oder Kraftkleber
Bleistift

Mit der Strickmühle sind auch die längsten Schläuche im Handumdrehen fertig. →

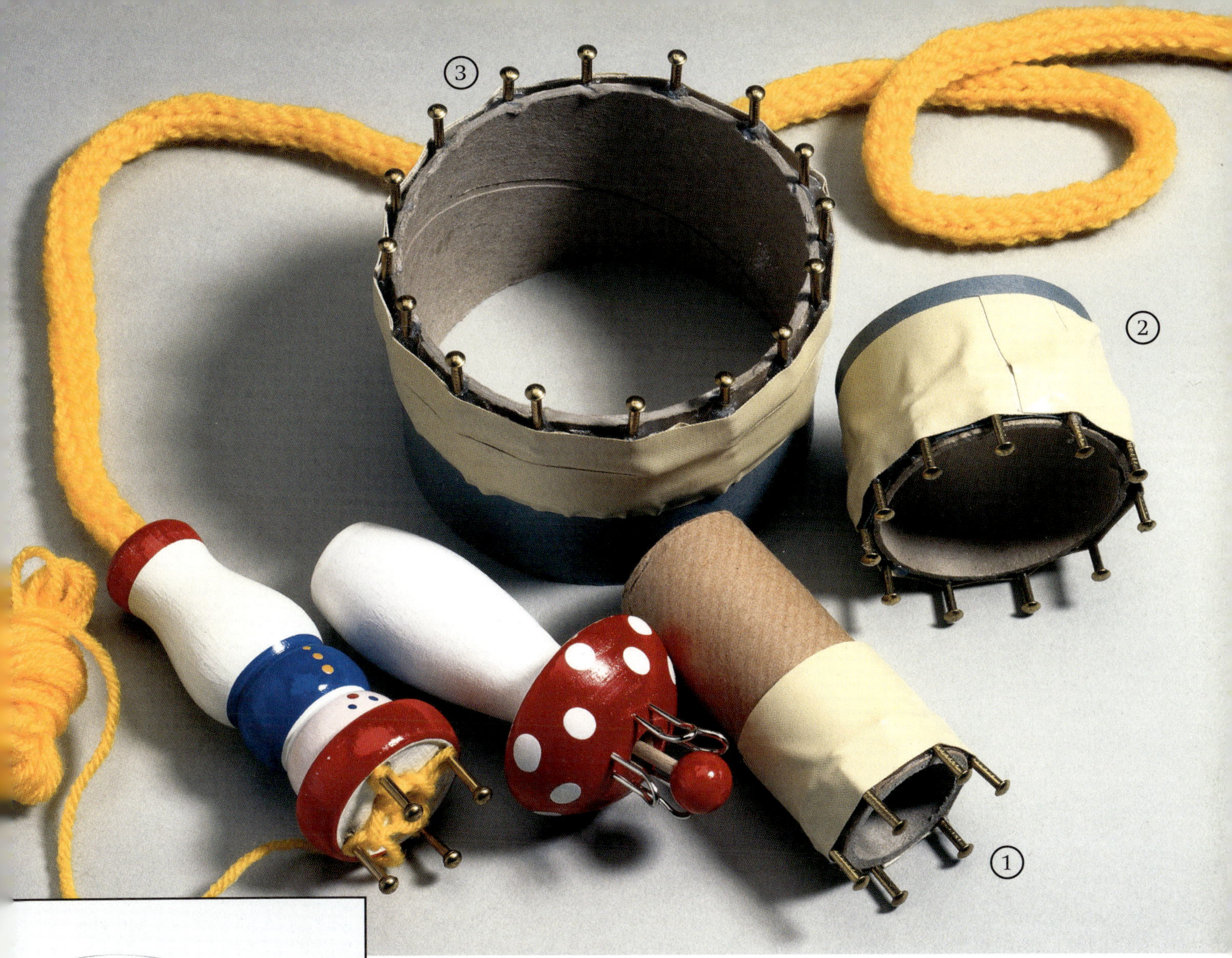

③

②

①

So wird's gemacht

Zerteile die Papprollen mit der Säge in die benötigten Stücke. Diese sollen, je nach Größe des gewünschten Strickschlauchs, so aussehen:
3 cm Durchmesser, 7 cm Länge, 6 Nägel (im Foto Nr. 1)
5 cm Durchmesser, 4 cm Länge, 11 Nägel (im Foto Nr. 2)
8,5 cm Durchmesser, 8 cm Länge, 16 Nägel (im Foto Nr. 3)

Am Röhrenrand bringst du, gleichmäßig verteilt, mit der Schere kleine Einkerbungen für die Nägel an.

Klebe die Nägel mit einem Überstand von 1 cm in die Kerben ein. Spanne das Klebeband so um die Röhre, dass die Nägel einen zusätzlichen Halt bekommen, und schon ist das Ganze fertig.

11

Was du sonst noch zum Basteln brauchen kannst

Stoffe und Nähzeug

Viele der kleinen Figuren aus Strickschlauch werden durch ihre Kleidung und ihr Zubehör erst richtig lebendig. In einigen Fällen muss dir beim Nähen und Dekorieren deiner Strickschlauch-Werke wahrscheinlich ein Erwachsener helfen, aber viele Dinge kannst du bestimmt schon allein – und es muss ja nicht alles genauso wie auf den Fotos aussehen. Stöbere einmal in der Restekiste bei euch zu Hause: Darin wirst du bestimmt einiges finden, das du für deine Strickereien verwenden kannst, denn du brauchst nur ganz kleine Mengen an Stoff, Wolle oder Filz.

Die Vorlagenzeichnungen sind fast immer in ihrer richtigen Größe abgebildet, das bedeutet, dass du auf die Zeichnung im Buch einfach ein Stück Transparentpapier legen und die Linien darauf durchpausen kannst. Schneide die Zeichnung dann aus und befestige sie mit Stecknadeln gerade und flach auf dem Stoff oder Filz, den du ausschneiden willst. Beim Zuschneiden von Stoff solltest du rundum immer 0,5 cm als Nahtzugabe hinzufügen.

Gegen das Ausfransen streichst du alle Stoffkanten, die nicht gesäumt oder umgeschlagen werden, mit Textilkleber ein.

Holzperlen

Für Augen und Nasen deiner Strickfiguren brauchst du halbierte Holzperlen. Die Perlen teilst du so: Lege eine ganze Holzperle mit dem Loch nach oben auf eine rutschfeste Unterlage. Halte ein altes Küchenmesser mit Daumen und Zeigefinger beider Hände quer über die Lochmitte der Perle. Drücke das Messer gleichmäßig senkrecht nach unten und halbiere die Perle damit.

Kleber

Als Kleber verwendest du normalerweise Weißleim. Er ist vielseitig einsetzbar, lösungsmittelfrei und umweltfreundlich.

Chenilledraht (Pfeifenputzer)

Chenilledraht sieht aus wie ein Pfeifenputzer und wird in vielen Farben in Hobbygeschäften angeboten. Er fühlt sich samtig und weich an und lässt sich beliebig formen. Wenn du Chenilledraht in den Strickschlauch einschiebst, dann biege zuvor die Drahtspitze um oder umwickle sie mit Klebeband. So ummantelt, verheddert sich der Draht nicht in den Maschen.

Pompons

Für einige Modelle brauchst du Pompons aus farbiger Wolle, die du ganz einfach selbst machen kannst: Zeichne auf feste Pappe zwei Kreise in der Größe eines 2-Euro-Stücks auf. In die Mitte des Kreises zeichnest du einen kleinen Kreis in der Größe eines 1-Cent-Stücks. Die entstandenen zwei Ringe schneidest du aus und legst sie aufeinander. Schneide einen Wollfaden von etwa 1 m Länge zu und umwickle damit die beiden Ringe. Wiederhole diesen Vorgang so lange, bis die Öffnung in der Mitte geschlossen ist. Schneide die gewickelte Wolle zwischen den beiden Pappringen durch. Binde nun die aufgeschnittenen Wollfäden zwischen den beiden Pappringen fest ab. Schneide die Pappringe auf und löse sie vorsichtig heraus. Schneide den Pompon mit der Schere in eine schöne runde Form.
Für manche Vorschläge kannst du aber auch fertige Pompons verwenden, die es in verschiedenen Farben in Tütchen abgepackt zu kaufen gibt.

Zum Spielen und Liebhaben

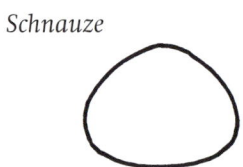

Schnauze

Ohr

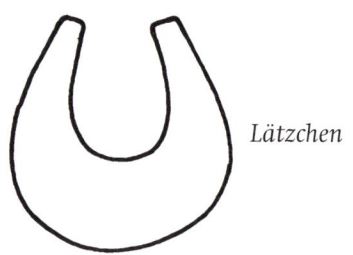

Lätzchen

Die vier goldenen Bären

Das brauchst du

Strickröhren mit 6 und
  mit 11 Nägeln
braune Wolle in verschiedenen
  Farbtönen
beigefarbener, hellgrüner
  und brauner Filz
3 Wattekugeln, 2,5 cm Ø
1 Wattekugel, 2 cm Ø (für den
  kleinen Bären)
5 Holzperlen, 6 mm Ø
2 Holzperlen, 4 mm Ø (für den
  kleinen Bären)
je 13 cm weißes und rotes
  Satinband, 1 cm breit
roter Stoffrest, gemustert
Füllwatte
stumpfe Stopfnadel
Schere
dünner, schwarzer Filzstift
Textilkleber

So wird's gemacht

Körper: Stricke 25 Runden auf der dickeren Strickröhre. Verschließe den Strickschlauch an einer Seite, d. h. raffe die Maschen zusammen und vernähe den Faden. Wende den Schlauch mit einem Kochlöffelstiel. Schiebe die Wattekugel als Kopf bis zum Ende in den Schlauch. Binde den Schlauch direkt unter dem Kopf mit Wolle ab und stopfe den Rest des Schlauchs mit Watte aus.

Verschließe das noch offene Ende, d. h. trenne den Anschlag auf, raffe die Maschen der anschließenden Runde zusammen und vernähe den Faden.

Arme: Stricke 8 Runden auf der dünneren Strickröhre. Verschließe den Schlauch in der zuletzt gestrickten Runde. Fülle Watte ein. Verschließe das noch offene Ende. Den zweiten Arm arbeitest du genauso.

Beine: Stricke 10 Runden auf der dünneren Strickröhre. Verschließe den Schlauch oben. Fülle Watte ein. Verschließe das noch offene Ende. So werden beide Beine gestrickt.

Nähe Arme und Beine am Körper an, wie auf dem Foto gezeigt.

Ohren: Schneide jedes Ohr zweimal nach der Vorlage aus beigefarbenem oder braunem Filz aus, klebe die 2 Teile bis zur gestrichelten Linie zusammen und bringe die unverklebten Teilstücke gespreizt am Kopf an.

Gesicht: Schneide die Schnauze aus beigefarbenem bzw. braunem Filz nach der Vorlage aus, klebe eine halbe Holzperle als Nase auf, zeichne das Maul mit Filzstift ein und bringe die Schnauze am Kopf an. Verwende jeweils eine halbe Holzperle als Augen. Binde den Bären eine rote bzw. weiße Schleife oder ein dreieckiges Stückchen Stoff als Halstuch um.

Der kleine Bär: Der Körper besteht nur aus 20 Strickrunden, die Arme aus 7 und die Beine aus 8 Runden. Der Kopf wird durch die kleinere Wattekugel gebildet, Augen und Schnauze aus halbierten Holzperlen mit 4 mm Durchmesser. Zum Schluss klebst du dem kleinen Bären einen Latz aus hellgrünem Filz um, den du nach der Vorlage zugeschnitten hast.

Mäuse-Clan

(Foto, Seite 18)

Das brauchst du

Strickröhren mit 6 und mit
   11 Nägeln
graue und weiße Wolle
weißer, grauer, rosafarbener
   und grüner Filz
Stoffreste nach Wunsch
   für die Kleidung
schmale Spitze
graues Fellimitat
schwarzes Klettband
5 Wattekugeln, 2,5 cm Ø
2 Wattekugeln, 3 cm Ø
14 Wackelaugen, 8 mm Ø
1 rosafarbene Holzperle, 6 mm Ø
3 braune Holzperlen, 6 mm Ø
Satinband, 3 mm breit,
   in verschiedenen Farben
weißer Zwirn
Füllwatte
stumpfe Stopfnadel
Schere
Zackenschere
Textilkleber

So wird's gemacht

Körper: Stricke 22 Runden mit der dickeren Strickröhre. Verschließe den Schlauch in der zuletzt gestrickten Runde, d. h. fädle die Maschen mit der Stopfnadel auf, ziehe sie zusammen und vernähe den Faden. Wende den Schlauch mit einem Kochlöffelstiel. Schiebe die Wattekugel als Kopf bis zum Ende in den Schlauch. Binde den Schlauch direkt unter dem Kopf mit Wolle ab und stopfe den Rest des Schlauchs mit Watte aus. Verschließe das noch offene Ende, d. h. trenne den Anschlag auf, raffe die Maschen der anschließenden Runde zusammen und vernähe den Faden.

Arme: Stricke 8 Runden mit der dünneren Strickröhre. Verschließe den Schlauch oben, fülle Watte ein und verschließe das noch offene Ende.

Beine: Stricke 10 Runden mit der dünneren Strickröhre. Verschließe den Schlauch oben, fülle Watte ein und verschließe das noch offene Ende.

Nähe Arme und Beine am Körper an, wie im Foto auf Seite 15 gezeigt.

Ohren: Schneide jedes Ohr zweimal nach der Vorlage aus grauem Filz aus, klebe die 2 Teile bis zur gestrichelten Linie zusammen und bringe die unverklebten Teilstücke gespreizt am Kopf an. Schneide das Ohrinnere aus rosafarbenem Filz aus und klebe es auf das Ohr.

Schnauze: Schneide aus grauem Filz einen Streifen von 5 mm Breite und 2 cm Länge zu, streiche ihn mit Kleber ein und rolle ihn zusammen. Weite die Rolle auf einer Seite leicht aus: Dies ist die Seite zum Ankleben am Kopf. Klebe auf der entgegengesetzten Seite Zwirnstücke als Barthaare an und setze eine halbierte Holzperle als Nase direkt darauf. Klebe die Schnauze und die Wackelaugen am Kopf an. Auf diese Weise werden alle Mäuse hergestellt.

Benni

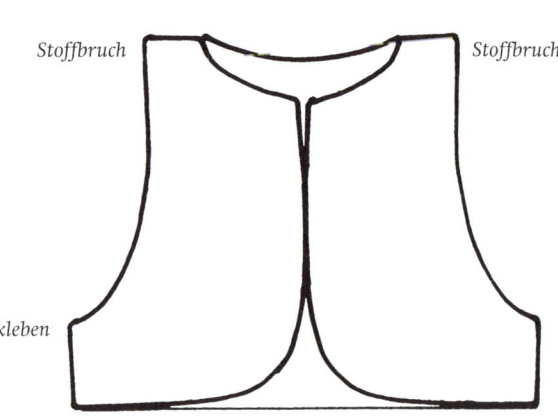

Weste, Gina

Stoffbruch

Stoffbruch

kleben

Mäuseohr, groß

Ohrinneres

Gino & Bodo, Hemd

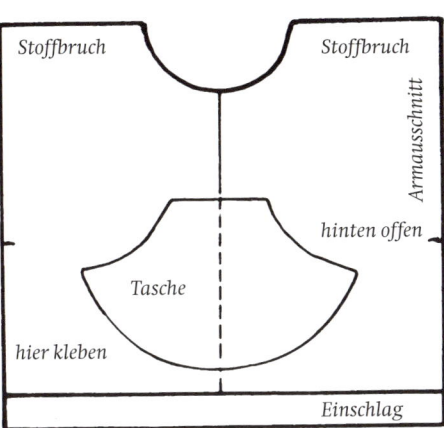

Stoffbruch   Stoffbruch

Armausschnitt

hinten offen

Tasche

hier kleben

Einschlag

...issi mit rosarotem Stirnband ...nd Schleife, die weiße Maus ...mma, Schlucki mit dem gestreif-...en Shirt und Benni mit dem grü-...en Lätzchen sind gleich groß, ...erden also gestrickt, wie oben ...eschrieben. Bodo mit rotem ...emd entsteht aus 27 Strickrun-...en für den Körper, 12 Runden ...ür die Beine und 10 für die Arme. ...ina mit der violetten Weste ...nd Gino mit der Kochmütze ...ind genauso groß wie Bodo, ...ie Wattekugel für den Kopf ...at aber einen Durchmesser ...on 3 cm.

Durch die Kleidung bekommt jede Maus noch etwas ganz Be-sonderes, wie du auch auf dem Foto siehst. Schneide die Klei-dungsstücke nach den Vorlagen aus. An den Seitennähten musst du 0,5 cm Nahtzugabe dazuneh-men. Die Nähte sind einfach zu-sammengeklebt. Den Rock für Gina machst du so: Schneide einen Stoffstreifen 17 x 7 cm zu, den du an allen vier Seiten 1 cm breit einschlägst. Klebe die Säume fest.

Kräusle den Rock an einer Längs-seite auf Taillenweite ein und schmücke ihn mit Satinband und Spitze. Bringe auf der Rückseite Klettband zum Verschließen an. Für Gino ist nur ein Ohr (Mäuse-ohr, groß) erforderlich. Anstelle des zweiten Ohres wird eine Koch-mütze aufgeklebt. Für die Koch-mütze schneidest du aus weißem Filz eine Scheibe von 8 cm Durch-messer aus, kräuselst sie ein und umklebst sie mit einem Filz-streifen von 10 x 1,5 cm.

Lätzchen, Benni

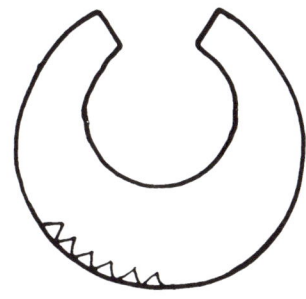

Hose, Bodo & Schlucki

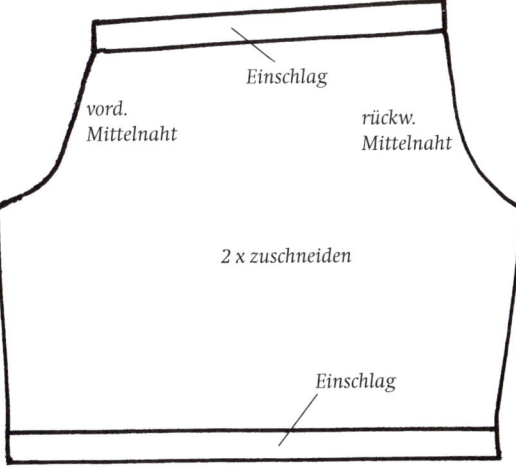

Einschlag

vord. Mittelnaht

rückw. Mittelnaht

2 x zuschneiden

Einschlag

Mäuseohr, klein

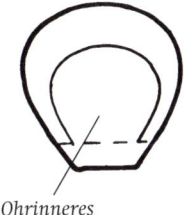

Ohrinneres

17

Hose, Gino

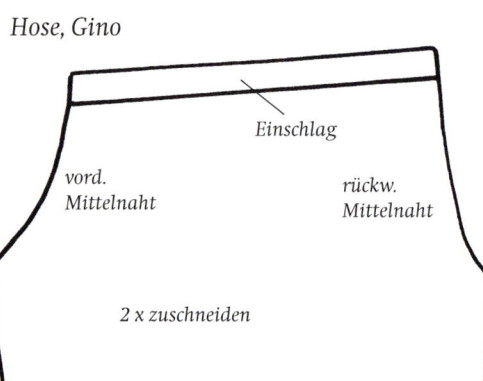

Einschlag

vord. Mittelnaht

rückw. Mittelnaht

2 x zuschneiden

Einschlag

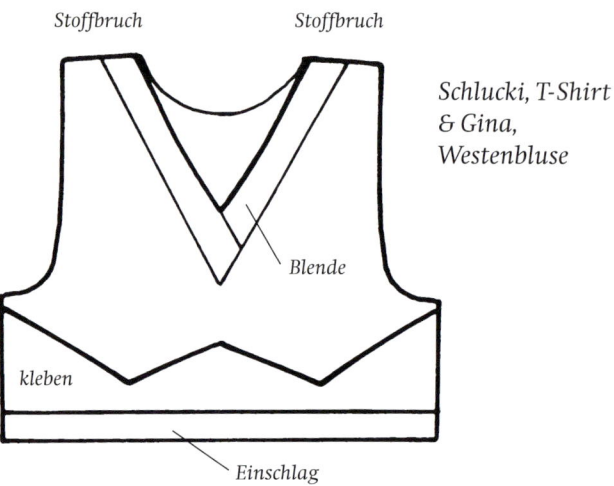

Stoffbruch *Stoffbruch*

Blende

kleben

Einschlag

Schlucki, T-Shirt & Gina, Westenbluse

Lissi & Imma, Kleid

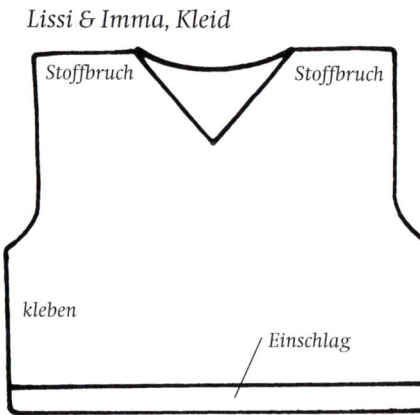

Stoffbruch *Stoffbruch*

kleben

Einschlag

Benni bekommt ein hellgrünes Lätzchen, das du nach Vorlage mit der Zackenschere ausschneidest. Seine Haare bestehen aus einem kleinen Stückchen Fellimitat. Lätzchen und Körper sind mit Filzpunkten verziert. Für die Hosen von Gino, Bodo und Schlucki schneidest du jeweils zwei Stoffteile nach Vorlage zu.

Oben und unten wird ein Einschlag umgeklebt. Die beiden Stoffteile klebst du dann als Hosenbeine um die gestrickten Mäusebeine. Imma wird ganz aus weißer Wolle gestrickt, hat weiße Ohren und eine rosa Perle als Schnauze. Das Satinband verwendest du zum Dekorieren, z. B. für die Schleifen von Lissi.

Schlucki Lissi Bodo Gino Gina Imma

Hasenwettlauf

Das brauchst du

Strickröhren mit 6 und
mit 11 Nägeln
weiße, hellgraue, mittelgraue
und orangefarbene Wolle
weißer, hellgrauer, dunkelgrauer,
hellgrüner, mittelgrüner, haut-
und rosafarbener Filz
4 schwarze Holzperlen, 6 mm Ø
2 braune Holzperlen, 6 mm Ø
(für die weißen Hasen)
Füllwatte
stumpfe Stopfnadel
Schere
Kleber

So wird's gemacht

Körper: Stricke 15 Runden mit der größeren Strickröhre. Verschließe den Schlauch in der zuletzt gestrickten Runde, d. h. fädle die Maschen mit der Stopfnadel auf, raffe sie zusammen und vernähe den Faden. Wende den Schlauch mit einem Kochlöffelstiel. Fülle die Watte prall ein. Verschließe das noch offene Ende, d. h. trenne den Anschlag auf, raffe die Maschen der anschließenden Runde zusammen und vernähe den Faden. Als Schwänzchen kannst du eine Büschelmasche häkeln (siehe Seite 26), wenn du willst.

Kopf: Stricke 10 Runden mit der kleineren Strickröhre. Verschließe den Schlauch in der zuletzt gestrickten Runde. Wende den Schlauch mit einem Kochlöffelstiel. Stülpe die Hälfte des Strickschlauchs nach innen, sodass das Gestrick doppelt liegt. Fülle die Watte ein. Nähe den Strickschlauch zu und nähe Kopf und Körper mit der Wolle aneinander. Klebe zwei halbierte Holzperlen als Augen und einen ausgeschnittenen Filzkreis als Schnauze auf.

Ohren: Schneide Ohren und Ohreninneres nach Vorlage zu und klebe diese Teile zwischen Kopf und Körper ins Genick des Hasen.

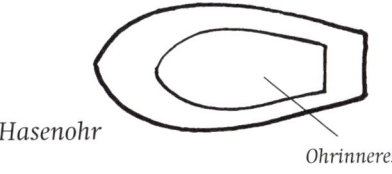

Hasenohr

Ohrinneres

Möhrenblätter

Möhren: Für die große Möhre strickst du 30 Runden mit der kleineren Strickröhre, für die kleine Möhre 20 Runden. Verschließe den Schlauch in der letzten Runde. Wende den Schlauch mit einem Kochlöffelstiel. Stülpe die Hälfte des Strickschlauchs nach innen, sodass das Gestrick doppelt liegt. Fülle die Watte ein. Nähe den Strickschlauch zu und nähe gleichzeitig die aus Filz nach Vorlage zugeschnittenen Blätter (in zweierlei Grüntönen) mit ein.

Red Screwy

Das brauchst du

Strickröhren mit 6 und
  mit 11 Nägeln
gelbe Mohairwolle
rotes Chenillegarn
schwarzer Filz
3 Chenilledrähte
Streifen aus rotem Karostoff,
  4 x 25 cm
Wattekugel, 4 cm Ø
gelber Moosgummi, 1 mm dick
roter Moosgummi, 2 mm dick
1 Holzperle, 6 mm Ø
weißer Nähfaden
stumpfe Stopfnadel
Nähnadel
Schere
Bleistift
Kleber

So wird's gemacht

Körper: Stricke 75 Runden mit der kleineren Strickröhre aus rotem Chenillegarn. Verschließe den Schlauch in der zuletzt gestrickten Runde, d. h. fädle die Maschen mit der Stopfnadel auf, raffe sie zusammen und vernähe den Faden. Wende den Schlauch mit einem Kochlöffelstiel. Drehe die drei Chenilledrähte zu einem Strang zusammen und schiebe diesen in den Strickschlauch. Verschließe das noch offene Ende, d. h. trenne den Anschlag auf, raffe die Maschen der anschließenden Runde zusammen und vernähe den Faden. Winde den Strickschlauch über einen Bleistift zur Spirale.

Kopf: Stricke 25 Runden mit der größeren Strickröhre aus gelber Mohairwolle. Verschließe den Schlauch in der zuletzt gestrickten Runde. Wende den Schlauch mit einem Kochlöffelstiel. Schiebe die Wattekugel in den Schlauch und verschließe das offene Ende. Schneide den Schnabel nach Vorlage zweimal aus gelbem Moosgummi aus. Klebe die 2 Teile an der Rundung schmalkantig zusammen, klebe die Holzperle in die entstandene Tasche und dann den ganzen Schnabel am Kopf an. Schneide zwei Kreise aus schwarzem Filz aus und klebe sie als Augen am Kopf fest.

Halskrause: Klebe an einer langen Seite des Karostoffs einen 0,5 cm breiten Saum ein. Verklebe Streifenanfang und -ende miteinander, sodass ein Stoffring entsteht. Lege den Saum auch an der anderen Längsseite ein und kräusle den Streifen auf die erforderliche „Kragenweite".

Flotte Lotte

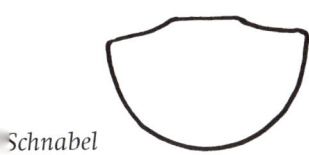
Schnabel

Klebe Körper und Kopf zusammen und klebe gleichzeitig die Halskrause zwischen diese 2 Teile.

Hut: Der Hut besteht aus 3 roten Moosgummiteilen: dem Hutrand (ein Kreis von 5,5 cm Durchmesser), dem Deckel (ein Kreis von 3,5 cm Durchmesser) und dem Kopfteil, das sich aus einem 2,5 cm breiten Streifen ergibt, der gerollt in den Hutrand eingepasst und überlappend zusammengeklebt wird. Füge die 3 Hutteile zusammen, wie du es auf der Zeichnung siehst, und verklebe sie. Bringe einen 0,5 cm breiten gelben Moosgummistreifen als Hutband an.

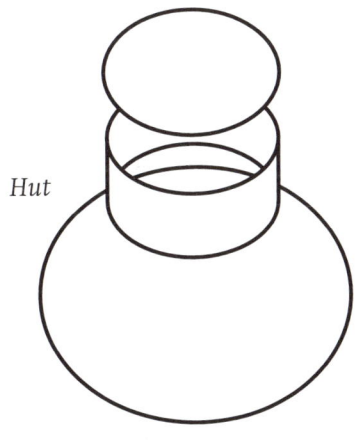
Hut

Das brauchst du

Strickröhre mit 11 Nägeln
gelbe und rote Wolle in 5 verschiedenen Farbtönen
roter Filz
6 cm beigefarbener Chenilledraht
5 Wattekugeln, 2,5 cm Ø
2 Wattekugeln, 1,5 cm Ø
2 Wackelaugen mit grünen Lidern und schwarzen Wimpern, 1 cm Ø
10 cm rotes Satinband, 3 mm breit
8 cm goldene Perlschnur
rote Nähseide
stumpfe Stopfnadel
Nähnadel
Schere
grüne Bastelfarbe
Kleber

So wird's gemacht

Stricke fortlaufend aus jeder der Wollfarben 15 Runden, d. h. du wechselst immer nach 15 Strickrunden die Wolle. Arbeite dabei von dunkel zu hell. Verschließe den Schlauch in der zuletzt gestrickten Runde, d. h. fädle die Maschen mit der Stopfnadel auf, raffe sie zusammen und vernähe den Faden. Schiebe die 5 großen Wattekugeln in den Strickschlauch und verschließe das noch offene Ende, d. h. trenne den Anschlag auf, raffe die Maschen der anschließenden Runde zusammen und vernähe den Faden. Binde den Strickschlauch jeweils zwischen 2 Kugeln mit Wolle in der entsprechenden Farbe ab. Halbiere den Chenilledraht. Stecke je ein Stück in die grün bemalten, kleinen Wattekugeln und befestige diese Fühler am Kopf. Nähe das Satinband mit roter Nähseide zu einem einfachen Schleifchen und klebe dieses zwischen die Fühler. Klebe die Augen, einen Mund aus rotem Filz und das Perlenkettchen an.

Max und Moritz

Das brauchst du

Strickröhre mit 6 Nägeln
grüne, blaue, gelbe und
 schwarze Wolle
senf- und pinkfarbener Filz
3 Chenilledrähte
getrocknete Maiskolben-Hüllblätter
 oder grober, naturfarbener Stoff
2 Wattekugeln, 3 cm Ø
1 Wattekugel, 1 cm Ø
 (für Moritz' Dutt)
je 1 rote und 1 naturfarbene
 Holzperle, 6 mm Ø
2 braune Holzperlen, 4 mm Ø
stumpfe Stopfnadel
Schere
schwarzer, dünner Filzstift
Kleber

So wird's gemacht

Stricke fortlaufend 50 Runden aus blauer, dann 50 Runden aus grüner Wolle. Verschließe den Schlauch in der zuletzt gestrickten Runde, d. h. fädle die Maschen mit der Stopfnadel auf, raffe sie zusammen und vernähe den Faden. Drehe die Chenilledrähte zu einem Strang zusammen und schiebe diesen in den Strickschlauch. Verschließe das noch offene Ende, d. h. trenne den Anschlag auf, raffe die Maschen der anschließenden Runde zusammen und vernähe den Faden. Beklebe die beiden größeren Wattekugeln mit den Maisblättern oder dem Stoff. Halbierte Holzperlen ergeben

Nasen und Augen, die du wie auf dem Foto auf den Kopf aufklebst. Zeichne mit dem Filzstift Mund und Augenbrauen ein.
Für Max' Frisur schneidest du 40 schwarze Wollfäden 8 cm lang zu. Moritz' Haare entstehen aus 30 gelben Wollfäden, die 11 cm lang zugeschnitten werden. Lege die Wollfäden jeweils parallel nebeneinander. Binde mit gleichfarbiger Wolle die Haare in der

Mitte ab, sodass jeweils ein Büschel entsteht. Klebe das Büschel auf den entsprechenden Kopf und schneide es zurecht.
Für Moritz' Dutt umwickelst du die kleine Wattekugel mit gelber Wolle und klebst sie auf die Frisur. Verknote den Strickschlauch zweimal und klebe an jedem Ende einen Kopf an. Den Hals ziert jeweils ein Schleifchen, ausgeschnitten aus Filz.

Knoten-Paulchen

Das brauchst du

Strickröhren mit 6 und 11 Nägeln
weinrote und rostrote Wolle
hellgrüner Filz
1 Wattekugel, 3,5 cm Ø
1 Wattekugel, 1 cm Ø
roter und schwarzer Fotokarton
stumpfe Stopfnadel
Schere
Bürolocher
schwarzer Filzstift
Bastelfarbe (Hautton)
Deckweiß
Kleber

So wird's gemacht

Stricke mit der kleinen Strickröhre 100 Runden aus weinroter Wolle. Verschließe den Schlauch in der zuletzt gestrickten Runde, d. h. fädle die Maschen mit der Stopfnadel auf, raffe sie zusammen und vernähe den Faden. Wende den Schlauch mit einem Kochlöffelstiel. Verschließe das noch offene Ende, d. h. trenne den Anschlag auf, raffe die Maschen der anschließenden Runde zusammen und vernähe den Faden. Verknote Anfang und Ende des Strickschlauchs dreimal miteinander.

Bemale die beiden Wattekugeln in Hautfarbe. Halbiere nach dem Trocknen die kleinere Kugel und klebe sie als Ohren seitlich an der großen Kugel fest. Stanze zwei Plättchen mit dem Bürolocher aus schwarzem Fotokarton aus, klebe sie als Augen auf den Kopf, bemale sie mit weißen Punkten und zeichne die Augenfalten ein. Schneide aus rotem Fotokarton einen Kreis für den Mund aus und klebe ihn auf. Von der rostroten Wolle schneidest du 20 Fäden von 8 cm ab und bindest sie in der Mitte zusammen. Klebe dieses Büschel als Haare auf den Kopf. Schneide für den Kragen aus Filz einen Kreis mit 4,5 cm Durchmesser aus und klebe ihn unten an der Kopfkugel fest.

Mütze: Stricke mit der größeren Strickröhre 22 Runden aus weinroter Wolle. Verschließe den Schlauch in der zuletzt gestrickten Runde. Schlage das offene Ende zum Rollrand um, klebe die Mütze auf den Kopf und diesen an den Körper.

Fingerpuppen

Das brauchst du

Strickröhre mit 11 Nägeln
weiße, gelbe, rote, braune, schwarze,
  rosa- und lilafarbene Wolle
rostrote Flauschwolle
weißer, gelber, hellgrüner, roter,
  brauner, schwarzer, pink-
  und rosafarbener Filz
4 Wattekugeln, 3 cm Ø
2 Wattekugeln, 2,5 cm Ø
1 Wattekugel, 1,2 cm Ø
Pappstreifen, 1 x 12 cm
2 Wackelaugen ohne Wimpern,
  1,2 cm Ø
2 Wackelaugen mit Wimpern, 1 cm Ø
braune Holzperle, 6 mm Ø
je eine braune und eine schwarze
  Holzperle, 4 mm Ø
gelbes, pinkfarbenes und
  rotes Satinband, 3 mm breit
Karoband
1 Knopf, 1 cm Ø
Glöckchen, 8 mm Ø
stumpfe Stopfnadel
Häkelnadel
Schere
Bürolocher
dünne Filzstifte in Rot und Schwarz
rote Bastelfarbe
Kleber

Schweinchen,
Ohr

So wird's gemacht

Bei Schweinchen, Sonne, Löwe
und Hase sind Körper und Kopf
in derselben Farbe. Stricke dafür
35 Runden aus Wolle in der jeweiligen Farbe. Verschließe den
Schlauch in der zuletzt gestrickten Runde, d. h. fädle die
Maschen mit der Stopfnadel auf,
raffe sie zusammen und vernähe
den Faden. Wende den Schlauch
mit einem Kochlöffelstiel.
Schlage am offenen Ende des
Schlauchs etwa 1,5 cm nach
außen um. Beim Clown und
beim Marienkäfer wechselst du
nach 20 Runden für den Körper
die Farbe und strickst dann noch
15 Runden in der Farbe für den
Kopf.

Für die einzelnen Figuren gelten
folgende Besonderheiten:

Schweinchen

Schiebe eine Wattekugel von
3 cm Durchmesser in den rosafarbenen Schlauch. Schneide jedes Ohr nach Vorlage zweimal
aus rosafarbenem Filz aus, klebe
die 2 Teile bis zur gestrichelten
Linie zusammen und bringe
die unverklebten Teilstücke
gespreizt am Kopf an. Klebe das
Ohrinnere aus pinkfarbenem
Filz ein.

Beklebe den Knopf mit rosafarbenem Filz, zeichne die Löcher mit
rotem Filzstift durch und klebe
das Ganze als Schnauze auf.
Nimm ein mit dem Locher ausgestanztes rotes Filzplättchen als
Maul. Die Augen sind je eine
halbe schwarze Holzperle von
4 mm Durchmesser; das Schleifchen ist aus grünem Filz.

Sonne

Schiebe eine Wattekugel von
3 cm Durchmesser in den gelben
Schlauch. Schneide den Strahlenkranz nach Vorlage zweimal aus
gelbem Filz aus. Klebe beide Teile
zusammen und am Scheitel fest.
Setze an den 2 Enden je 12 cm
gelbes Satinband an, verknote das
Band und binde es zum Schleifchen. Klebe eine gelbe Filzscheibe
in der Größe eines 1-Cent-
Stücks als Gesicht ein und vervoll-
ständige es mit 2 roten und 2 halbierten schwarzen ausgestanzten
Filzplättchen. Zeichne den Mund
mit rotem Filzstift ein.

Sonne, Strahlenkranz

24

Löwe

Schiebe eine Wattekugel von 3 cm Durchmesser in den braunen Schlauch.

Mähne: Häkle aus doppelt gelegter Flauschwolle eine Luftmasche und halte die Masche und den Pappstreifen in der linken Hand fest. Lege die Wolle von vorn nach hinten über den Streifen und hole sie mit der Häkelnadel als zweite Luftmasche durch die erste. Wiederhole den Vorgang 14-mal. Schiebe dann die Schlingenkette von der Pappe und vernähe die Enden. Schneide jedes Ohr nach Vorlage zweimal aus braunem Filz aus, klebe die 2 Teile bis zur gestrichelten Linie zusammen und bringe die unverklebten Teilstücke gespreizt am Kopf an. Klebe die Mähne zusammen mit den Ohren am Kopf fest. Nimm einen weißen Filzkreis als Schnauze, zeichne das Maul ein und klebe als Nase eine halbe braune Holzperle von 6 mm Durchmesser auf. Klebe als Augen je eine halbe braune Holzperle von 4 mm Durchmesser, unterlegt mit einem ausgestanzten braunen Filzplättchen, auf.

Hase

Schiebe eine Wattekugel von 2,5 cm Durchmesser in den weißen Schlauch. Schneide jedes Ohr nach Vorlage zweimal aus weißem Filz aus, klebe die 2 Teile bis zur gestrichelten Linie zusammen und bringe die unverklebten Teilstücke gespreizt am Kopf an. Klebe das Ohrinnere aus rosafarbenem Filz ein.

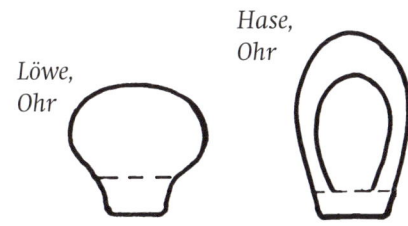

Löwe, Ohr

Hase, Ohr

25

Häkle eine **Büschelmasche** in Weiß: Arbeite eine Luftmasche in eine Anschlagmasche. Schlinge den Faden um die Häkelnadel, stich in die Luftmasche ein und hole eine Schlinge durch, die du auf der Häkelnadel liegen lässt. Wiederhole diesen Vorgang so lange, bis du 9 Schlingen auf der Nadel hast. Dann ziehst du den Faden durch alle 9 Maschen und häkelst eine Kettmasche zum Abschluss.

Klebe die Büschelmasche als Schnauze an, lege dabei einige 3 cm lange braune Wollfäden als Barthaare unter. Das Maul ist ein ausgestanztes Filzplättchen. Klebe die Wackelaugen mit Wimpern an. Schmücke den Hals mit einem 6 cm langen pinkfarbenen Satinband mit aufgefädeltem Glöckchen.

Clown

Der Körper ist aus lilafarbener, der Kopf aus rosafarbener Wolle. Schiebe eine Wattekugel von 3 cm Durchmesser in den Schlauch. Die Nase ist eine mit roter Bastelfarbe bemalte Wattekugel von 1,2 cm Durchmesser, von der du nach dem Trocknen und vor dem Aufkleben ein Drittel wegschneidest. Den Mund schneidest du nach Vorlage aus weißem Filz aus und zeichnest mit dem roten Filzstift einen Mittelstrich ein. Klebe den Mund und die Wackelaugen ohne Wimpern auf.

Für die Haare schneidest du aus rostroter Flauschwolle 8 Fäden, je 4 cm lang. Ziehe sie paarweise mit der Häkelnadel ins Gestrick ein und verknote sie. Nimm als Kragen einen Streifen grünen Filz in der Größe 1,5 x 9 cm, lege ihn um den Hals und klebe ihn zusammen mit einem lilafarbenen Schleifchen aus Filz fest. Wie du eine Schleife machst, steht auf Seite 41. Hier schneidest du ein Filzrechteck in der Größe 3 x 11 cm zu und klebst ein Filzstreifchen über die Mitte. Verziere den lilafarbenen Clownskörper mit grünen ausgestanzten Filzplättchen.

Marienkäfer

Der Körper ist aus roter, der Kopf aus schwarzer Wolle. Schiebe eine Wattekugel von 2,5 cm Durchmesser in den Schlauch. Beim Marienkäfer musst du das offene Ende des Schlauchs nicht umschlagen.

Cape: Stricke mit der Strickröhre 12 Runden aus roter Wolle und schneide den Wollfaden nach 15 cm ab. Fädle das Fadenende in die Stopfnadel ein. Hebe mit ihr Masche für Masche von den Nägeln der Strickröhre und lasse sie auf den Faden gleiten, der Faden bleibt locker. Vernähe das Ende. Ziehe das Cape von unten über den Körper.

Clown, Mund

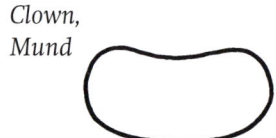

Kopf: Häkle als Fühler eine 4 cm lange Luftmaschenkette und ziehe sie durch das Gestrick. Bringe als Maul ein ovales Filzplättchen an. Die Augen sind jeweils ein weißes und ein schwarzes Filzplättchen, die du versetzt übereinander klebst. Verziere das Cape mit einem Schleifchen aus Karoband und rotem Satinband. Verteile schwarze Filzplättchen in zwei verschiedenen Größen auf Körper und Cape.

lesezeichen

Das brauchst du

Strickröhre mit 11 Nägeln
gelbe, grüne, braune, rote,
  schwarze und rosafarbene Wolle
gelber, grüner, brauner, roter, beige-,
  orange- und rosafarbener Filz
2 Wackelaugen, 1 cm Ø
2 Wackelaugen, 7 mm Ø
2 braune Holzperlen, 6 mm Ø
2 schwarze Holzperlen, 4 mm Ø

gelbes, rosafarbenes und rotbraunes
  Satinband, 1 cm breit
grünes und rotes Satinband,
  3 mm breit
rosafarbener Knopf, 1 cm Ø
Füllwatte
gelbes Federchen
stumpfe Stopfnadel
Häkelnadel
dünne Filzstifte in Rot und Schwarz
Kleber

So wird's gemacht

Für den Kopf der Figuren strickst
du 35 Runden aus Wolle in der
jeweiligen Farbe. Verschließe den
Schlauch in der zuletzt gestrickten Runde, d. h. fädle die Maschen
mit der Stopfnadel auf, raffe
sie zusammen und vernähe den
Faden. Stülpe die Hälfte des
Strickschlauchs nach innen, sodass das Gestrick doppelt liegt.
Fülle die Watte ein. Nähe den
Strickschlauch zu. Dabei nähst
du gleichzeitig das der jeweiligen
Figur entsprechende Band mit
ein, das du zusätzlich noch ver-
klebst.
Für die einzelnen Figuren gelten
folgende Besonderheiten:

Bär

Stricke den Kopf aus brauner
Wolle. Lege das 60 cm lange, rot-
braune Band zur Hälfte und nähe
es fest. Schneide den Kragen nach
Vorlage zweimal aus rotem Filz
aus und klebe die beiden Teile
von vorne und von hinten auf das
Band. Schneide jedes Ohr nach
Vorlage zweimal aus braunem
Filz aus, klebe die 2 Teile bis zur
gestrichelten Linie zusammen
und bringe die unverklebten
Teilstücke gespreizt am Kopf an.
Für die Schnauze schneidest du
ein Oval aus beigefarbenem Filz
und zeichnest das Maul mit
schwarzem Filzstift auf. Nase
und Augen sind jeweils eine halbe
braune Holzperle.

Bär,
Ohr

Bär,
Kragen

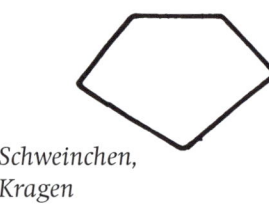

Schweinchen, Kragen

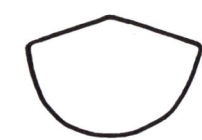

Frosch, Kragen

Teufelchen, Ohr

Teufelchen, Kragen

Frosch

Stricke den Kopf aus grüner Wolle. Lege das 60 cm lange grüne Band zur Hälfte und nähe es fest. Schneide den Kragen nach Vorlage zweimal aus gelbem Filz aus und klebe die beiden Teile von vorne und von hinten auf das Band. Ein schmaler grüner Filzstreifen mit einem roten Filzstiftstrich bildet den Mund. Für die Augenhöcker bindest du rechts und links oben am Gestrick mit grüner Wolle je einen kleinen Höcker ab, auf den du jeweils ein größeres Wackelauge aufklebst.

Schweinchen

Stricke den Kopf aus rosafarbener Wolle. Lege das 60 cm lange, rosafarbene Band zur Hälfte und nähe es fest. Schneide den Kragen nach Vorlage zweimal aus rosafarbenem Filz aus und klebe die beiden Teile von vorne und von hinten auf das Band. Schneide 2 Ohren nach Vorlage aus rosafarbenem Filz aus und klebe sie am Kopf fest. Beklebe den Knopf mit rosafarbenem Filz, zeichne die Löcher mit rotem Filzstift durch und klebe das Ganze als Schnauze auf. Die Augen sind jeweils eine halbe schwarze Holzperle.

Schweinchen, Ohr

Küken

Stricke den Kopf aus gelber Wolle. Nähe das 30 cm lange gelbe Band einfach am Kopf fest. Forme den Kragen nach der Vorlage aus gelbem Filz und klebe ihn hinter das Band. Lege für den Schnabel eine Raute aus orangefarbenem Filz zur Hälfte und klebe sie an der Knickstelle an. Die Augen sind jeweils eine halbe schwarze Holzperle, das gelbe Federchen ist der Haarschopf.

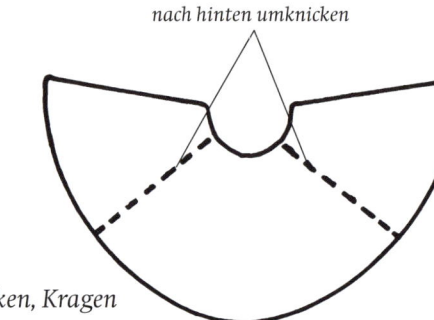

nach hinten umknicken

Küken, Kragen

Teufelchen

Stricke den Kopf aus roter Wolle. Lege das 60 cm lange, schmälere rote Band zur Hälfte und nähe es fest. Schneide den Kragen nach Vorlage zweimal aus rotem Filz aus und klebe die beiden Teile von vorne und von hinten auf das Band. Schneide jedes Ohr nach Vorlage zweimal aus grünem Filz aus, klebe die 2 Teile bis zur gestrichelten Linie zusammen und bringe die unverklebten Teilstücke gespreizt am Kopf an. Klebe die beiden kleineren Wackelaugen auf. Für die Haare schneidest du aus schwarzer Wolle 40 Fäden, je 4 cm lang. Ziehe sie paarweise mit der Häkelnadel ins Gestrick ein und verknote sie.

Kleidung für eine Modepuppe

Partykleid in Pink

Das brauchst du

Strickröhren mit 6 und
  mit 16 Nägeln
pinkfarbene Wolle mit Lurex
pinkfarbener Nicki-Stoff
Brokat-Stoff
weißes Klettband
Strasssteine
pinkfarbener Nähfaden
Schere
Häkelnadel
Kleber

So wird's gemacht

Oberteil: Stricke 30 Runden mit der größeren Strickröhre. Nimm den Schlauch von den Nägeln und häkle als Abschlussrunde eine feste Masche in jede Masche der letzten Runde mit jeweils einer Luftmasche dazwischen. Trenne den Anschlag auf und häkle auch hier wie beschrieben eine Abschlussrunde.

Ärmel: Stricke jeweils 16 Runden mit der kleineren Strickröhre. Häkle die Abschlussrunden an beiden Enden wie für das Oberteil.

Rock: Schneide 2 Streifen in der Größe 4 x 35 cm vom Nicki-Stoff ab und klebe jeden an seinen Schmalseiten zusammen. Kräusle jeden Streifen an einer Längsseite auf die ungefähre Taillenweite ein. Ziehe die Puppe an und richte die Röcke auf die endgültige Weite ein. Klebe den oberen Rock in der Taille fest und den unteren 3 Strickreihen tiefer. Schneide aus Brokat-Stoff einen Streifen von 1,5 x 17 cm für den Gürtel zu, schlage beide Längskanten bis zur Mitte ein und klebe sie fest. Bringe an beiden Enden Klettband an und lege den Gürtel um die Taille der Puppe.

Träger: Die Träger stellst du auf die gleiche Weise wie den Gürtel aus Brokat-Stoff her. Sie sollen eine fertige Breite von 6 mm und eine Länge von 9 cm haben. Klebe die Träger innen in der Mitte des Vorderteils fest und lege sie v-förmig nach hinten. Vergiss das Klettband an den hinteren Enden nicht, damit du das Kleid auch an- und ausziehen kannst. Bringe die Strasssteine am Oberteil an und ziehe die Ärmel über.

Schwarzweißes Abendkleid

Das brauchst du

Strickröhre mit 16 Nägeln
weiße und schwarze Wolle
pinkfarbener Tüll
schwarzer Organza
pinkfarbene Pailletten
silberne Schmetterlingspailletten
pinkfarbenes Satinband, 3 mm breit
schwarzes Klettband
pinkfarbener Nähfaden
Häkelnadel
Schere

So wird's gemacht

Oberteil: Stricke 30 Runden aus weißer Wolle. Nimm den Schlauch von den Nägeln und häkle als Abschlussrunde in Schwarz eine feste Masche in jede Masche der letzten Runde mit jeweils einer Luftmasche dazwischen. Trenne den Anschlag auf und häkle hier zwei Abschlussrunden in schwarzer Wolle.

Stufenrock: Schneide aus Organza ein Rechteck von 27 x 50 cm zu, das du ringsum schmal säumst. Lege das Stoffrechteck der Länge nach doppelt mit einer Stufe von 2,5 cm. Kräusle den Stoff am Stoffbruch mehrmals ein und bringe an den seitlichen Rändern Klettband zum Verschließen an. Schmücke den Rock mit Schmetterlingspailletten.

Ärmel: Schneide aus Tüll ein Rechteck von 10 x 18 cm zu. Lege das Rechteck der Länge nach doppelt, kräusle es an der offenen Seite auf 6 cm ein und nähe es in die Mitte eines 9 cm langen Satinbands. Das an beiden Enden überstehende Band nähst du als Träger in das Oberteil ein. Den zweiten Ärmel arbeitest du genauso.

Ohne den Rock ist die schwarzweiße Korsage ein schickes Partykleid für deine Puppe.

Zwei Wollpullis

Das brauchst du

Strickröhren mit 11 und 16 Nägeln
weiße, rosa-, pink- und türkisfarbene Flauschwolle
verschiedenfarbige Wollreste
Häkelnadel
2 Spielstricknadeln
Schere

So wird's gemacht

Um diese zwei Pullis herstellen zu können, musst du schon einige Erfahrung haben. Du strickst sie zwar auch auf der Strickröhre, aber nicht als Schlauch, sondern Vorder- und Rückenteil jeweils für sich. Das bedeutet, du strickst keine Runden, sondern Reihen, wobei du jeweils am Ende der Reihe wenden musst. Umwickle zuerst die 16 Nägel mit Wolle, so wie du das gewohnt bist. Den 16. Nagel umwickelst du nur bei dieser ersten Reihe zweimal und hebst dann die unterste Schlinge über Faden und Nagel.
Hier wendest du und legst daher den Faden vor Nagel 15. Arbeite nach diesem Muster weiter

und beachte dabei, dass du jeweils am Ende der Reihe wendest, der Faden stets vorn liegt und nicht zu fest gespannt wird.

Für den türkisfarbenen Noppen-pulli strickst du 30 Reihen auf der größeren Strickröhre für das Vorderteil. Nimm die Maschen von den Nägeln auf eine Stricknadel und stricke 3 Reihen eine Masche rechts, eine Masche links. Dann kettest du die Arbeit ab. Trenne den Anschlag auf und arbeite auch hier 3 Reihen eine Masche rechts, eine Masche links und kette die Arbeit ab. Das Rücken-teil wird genauso gestrickt. Nun brauchst du noch die Häkel-noppen für das Vorderteil: Arbeite eine Luftmasche in eine Anschlag-masche. * Schlinge den Faden um die Häkelnadel, stich in die Luft-masche ein und hole eine Schlinge durch. Schlinge wiederum den Faden um die Nadel und ziehe ihn durch die beiden zuletzt gear-beiteten Schlingen. Die neu ent-standene Schlinge lässt du auf der Nadel liegen. Wiederhole die Ar-beitsschritte ab* viermal. Jetzt hast du 6 Schlingen auf der Nadel. Ziehe den Faden durch alle auf der Nadel liegenden Schlingen und arbeite anschließend eine Kettmasche. Knüpfe die Häkel-noppen gleichmäßig verteilt in das Vorderteil ein.

Ärmel: Stricke 20 Runden mit der kleineren Strickröhre. Nimm den Schlauch von den Nägeln und häkle als Abschlussrunde eine feste Masche in jede Masche der

letzten Runde mit jeweils einer Luftmasche dazwischen. Trenne den Anschlag auf und häkle auch hier eine Abschlussrunde wie beschrieben. Der zweite Ärmel wird genauso gestrickt. Verbinde Vorder- und Rückenteil durch Seiten- und Schulternähte und setze dabei die Ärmel ein. Der Halsausschnitt muss weit genug offen bleiben, damit der Pulli leicht übergezogen werden kann.

Für den weiß-pinkfarbenen Pulli strickst du für das Vorderteil 4 Reihen aus pinkfarbener Wolle und 20 Reihen aus weißer Wolle. Nimm die Maschen von den Nä-geln auf eine Stricknadel und stricke 3 Reihen in Rosa und dann 4 Reihen in Pink eine Masche rechts, eine Masche links. Kette die Arbeit ab. Das Rückenteil wird genauso gestrickt.

Ärmel: Bei diesem Pulli werden die Ärmel ebenfalls in „offener Arbeit" hergestellt. Stricke 8 Reihen in Weiß auf der kleineren Strickröhre. Nimm die Arbeit von den Nägeln und häkle als Ab-schlussrunde eine feste Masche in jede Masche der letzten Runde mit jeweils einer Luftmasche da-zwischen. Trenne den Anschlag auf, nimm die Maschen auf eine Stricknadel und stricke 2 Reihen in Rosa und dann 4 Reihen in Pink eine Masche rechts, eine Masche links. Kette die Arbeit ab. Der zweite Ärmel wird genauso gestrickt. Nähe jeden Ärmel zum Schlauch zusammen. Verbinde Vorder- und Rückenteil durch Seiten- und Schulternähte und setze dabei die Ärmel ein. Der Halsausschnitt muss weit genug offen bleiben, damit der Pulli leicht übergezogen werden kann.

Mobile aus Pinguinen

Pingana

Pingella

Pingono

Pingusa
und
Pinguso

Zum Schmücken deines Zimmers

Das brauchst du

Strickröhren mit 6 und 11 Nägeln
  und Strickliesel
schwarze, pink- und
  türkisfarbene Wolle
weißer, gelber, grüner, hellblauer,
  weinroter, rosa-, pink-, flieder-,
  orange- und türkisfarbener Filz
2 Wollpompons, 2 cm Ø
2 Wattekugeln, 3 cm Ø
1 Wattekugel, 2,5 cm Ø
6 Wattekugeln, 2 cm Ø
2 Wackelaugen, 12 mm Ø
2 Wackelaugen, 8 mm Ø
4 Wackelaugen, 6 mm Ø
2 Wackelaugen mit blauen
  Lidern und schwarzen Wimpern,
  10 mm Ø
türkis- und fliederfarbener
  Nähfaden
Perlonfaden, 0,15 mm Ø
Füllwatte
schwarze Marabufedern
Styroporkugel, 5 cm Ø
Styroporklötzchen
2 Holzstäbchen, 20 cm lang
4 Holzoliven, 20 x 10 mm
stumpfe Stopfnadel
Schere
Rasierklinge
Bürolocher
Bleistift
Kleber

*Fuß, Pingella,
Pinguso,
Pingusa*

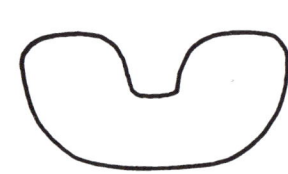

So wird's gemacht

Pingono, der Pinguinmann

Stricke 70 Runden aus schwarzer Wolle mit der größeren Strickröhre. Verschließe den Schlauch in der zuletzt gestrickten Runde, d. h. fädle die Maschen mit der Stopfnadel auf, raffe sie zusammen und vernähe den Faden. Stülpe die Hälfte des Strickschlauchs nach innen, sodass das Gestrick doppelt liegt. Schiebe eine Wattekugel von 3 cm Durchmesser als Kopf bis zum Ende in den Schlauch. Binde den Schlauch direkt unter dem Kopf mit Wolle ab und stopfe den Rest des Schlauchs mit Watte aus. Nähe das offene Ende des Strickschlauchs zu.

Arme: Stricke 30 Runden mit der kleineren Strickröhre. Verschließe den Schlauch in der zuletzt gestrickten Runde. Stülpe die Hälfte des Schlauchs nach innen. Fülle Watte ein und nähe das offene Ende zu. Arbeite den zweiten Arm genauso und nähe beide Arme am Körper an, wie auf Seite 15 gezeigt.

Schneide die Füße nach Vorlage zweimal aus gelbem Filz zu, klebe die 2 Teile zusammen und am Körper an. Schneide den großen Schnabel nach Vorlage zweimal aus gelbem Filz zu, klebe die 2 Teile bis zur gestrichelten Linie zusammen und bringe die unverklebten Teilstücke gespreizt am Kopf an. Klebe die 2 Wackelaugen mit 12 mm Durchmesser auf.

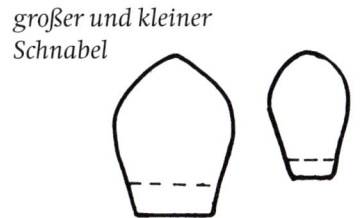
großer und kleiner Schnabel

Schneide die Weste nach Vorlage aus weißem Filz aus, verziere sie mit ausgestanzten roten Filzplättchen und bringe sie an. Lege dem Pinguin einen 5 mm breiten Streifen aus gelbem Filz um den Hals, an dem du vorne ein pinkfarbenes Schleifchen anklebst.

Hut: Schneide den Halbkreis (Vorlage „Hut, Kegel") aus grünem Filz zu und klebe ihn zu einem Kegel. Schneide den Hutrand ebenfalls nach Vorlage aus grünem Filz aus und befestige ihn am Kegel. Bringe einen 0,5 cm breiten fliederfarbenen Filzstreifen als Hutband an. Stelle auf dieselbe Weise die übrigen Pinguine her. Dabei zeigen die einzelnen Figuren folgende Besonderheiten:

Pingana, die Pinguinfrau

Für die Arme strickst du nur 26 Runden mit der kleineren Strickröhre. Den großen Schnabel, den Fuß und die Schürze bastelst du aus Filz nach den Vorlagen und dem Foto.

Weste, Pingella

Die Wackelaugen mit den blauen Lidern und die Haare aus Marabufedern klebst du auf.

Pingella, das Pinguinmädchen

Stricke für den Körper 54 Runden auf der größeren Strickröhre, für die Arme 20 Runden auf der kleineren Strickröhre. Eine Wattekugel mit 2,5 cm Durchmesser bildet den Kopf. Den kleinen Schnabel, den Fuß und die Weste bastelst du aus Filz nach den Vorlagen und dem Foto. Die Weste wird verziert durch ein fliederfarbenes Herz. Die Wackelaugen mit 8 mm Durchmesser und die Haare aus Marabufedern klebst du auf. Die Schleifen für Pingana und Pingella fertigst du wie für das Lesezeichen „Clown" auf Seite 26.

Latz, Pinguso, Pingusa

Weste, Pingono

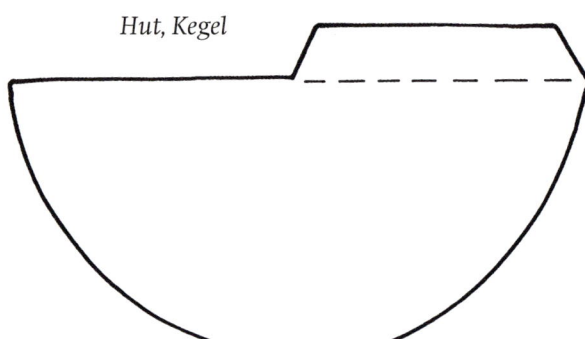

Hut, Kegel

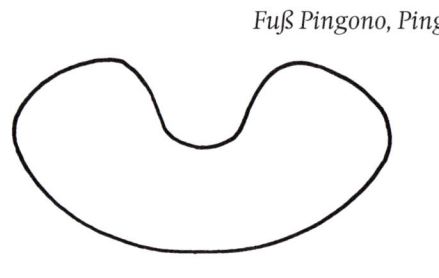

Fuß Pingono, Pingana

Pingusa
und Pinguso, die Zwillinge

Stricke für den Körper 48 Runden auf der größeren Strickröhre, für die Arme 16 Runden auf der kleineren Strickröhre. Für die Köpfe verwendest du Wattekugeln mit 2 cm Durchmesser. Den kleinen Schnabel, den Fuß und die Lätzchen der beiden bastelst du aus Filz nach den Vorlagen und dem Foto. Klebe die Wackelaugen von 6 mm Durchmesser auf. Stelle mit der Strickliesel 2 Schals her, die du den kleinen Pinguinen um den Hals legst.

Mütze: Schneide je einen Kreis von 6 cm Durchmesser aus flieder- und türkisfarbenem Filz aus und kräusle den Rand mit doppeltem Nähfaden auf die Kopfweite ein. Umklebe den eingekräuselten Rand mit einem 0,5 cm breiten Filzstreifen in derselben Farbe. Schneide den Mützenschild jeweils zweimal aus, klebe die beiden Teile zusammen und befestige sie am Filzstreifen. Klebe die Wollpompons auf die Mützen. Schneide das Styroporklötzchen passend zu und klebe die Zwillinge auf dem Klötzchen fest. Mit Stecknadeln kannst du sie zusätzlich sichern.

Aufhängung des Mobiles: Stecke die zwei Holzstäbchen über Kreuz durch die Styroporkugel und klebe die 4 Holzoliven an den Enden an. Knote an jede Figur (oben in der Mitte) einen Perlonfaden und binde ihn, zunächst probeweise, an das Holzstäbchen. Achte darauf, dass die Figuren in verschiedenen Höhen angebracht sind und dass ihr Gewicht möglichst gleichmäßig verteilt ist. Bringe Perlonfäden am Aufhängekreuz an und hänge das Mobile an die Zimmerdecke. Verteile die noch übrigen 4 Wattekugeln beliebig an den Perlonfäden über den Figuren. Zu diesem Zweck machst du mit der Rasierklinge jeweils einen kleinen Schnitt in die Wattekugel, in den du den Perlonfaden einklemmst.

Sonne: Schneide aus orangefarbenem Filz einen Kreis von 6,5 cm Durchmesser und aus gelbem Filz 2 Kreise mit 5 cm Durchmesser.

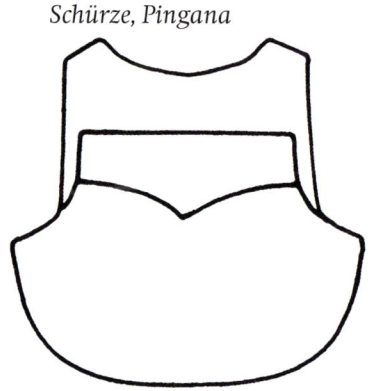

Schürze, Pingana

Klebe die 3 Kreise so zusammen, dass der orangefarbene in der Mitte ist und ein Aufhängefaden mitgefasst wird, den du am Holzstäbchen anbindest. Bringe alle Teile ins Gleichgewicht, indem du die Aufhängefäden auf den Holzstäbchen entsprechend verschiebst. Fixiere dann die Fäden mit etwas Kleber.

Mützenschild

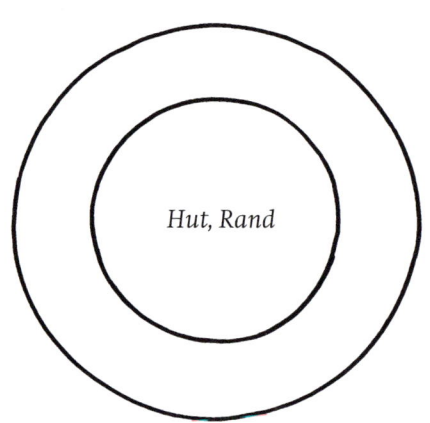

Hut, Rand

Kissen in Form eines Hauses

Das brauchst du

Strickliesel
unbedruckte Umwelttasche
  (Baumwolle)
creme- und beigefarbene, gelbe,
  rostrote, mittelbraune, dunkel-
  braune, rote, hellgrüne und
  dunkelgrüne Wolle
verschiedenfarbige Wollreste
weißer Nähfaden
Füllwatte (in Lagen)
Nähnadel
Stopfnadel
Häkelnadel
Schere
Maßband
Phantomstift
Lineal
Textilkleber

So wird's gemacht

Übertrage die Umrisse des Kissens mit Lineal und Phantomstift auf den doppelt liegenden Stoff der Umwelttasche und schneide die Form aus. Übertrage zusätzlich die Maße des Balkons auf einfachen Stoff und schneide auch diese Form aus. Nähe das Kissen an drei Seiten zusammen, die Bodenseite bleibt offen, und wende es. Knicke am Stoffteil für den Balkon die Ränder schmal ein, klebe sie fest und klebe dann das Teil wie eine Tasche an 3 Seiten an der Vorderseite an. Fülle die Watte flach in das Kissen ein und nähe die Boden-seite zu.

Stricke Schläuche in folgenden Farben und Längen:

Giebel	creme	0,95 m
Hauswand	beige	1,65 m
Fensterumrandung	gelb	0,20 m
Balkon	rostrot	0,65 m
Balkongeländer	mittelbraun	0,11 m
Fensterladen am Giebel	dunkelbraun	0,12 m
Dach	rot	1,10 m
Hecke	hellgrün	1,05 m
Hecke	dunkelgrün	0,70 m

Nähe Anfang und Ende aller Schläuche zu. Klebe die Schläu-che wie auf dem Foto abgebildet auf. Beginne dabei mit dem Dach. Häkle aus Wollresten Blüten, die du an der Hauswand festklebst. Vom Balkon lässt du die Maus „Benni" des Mäuse-Clans (Seite 16) herabschauen.

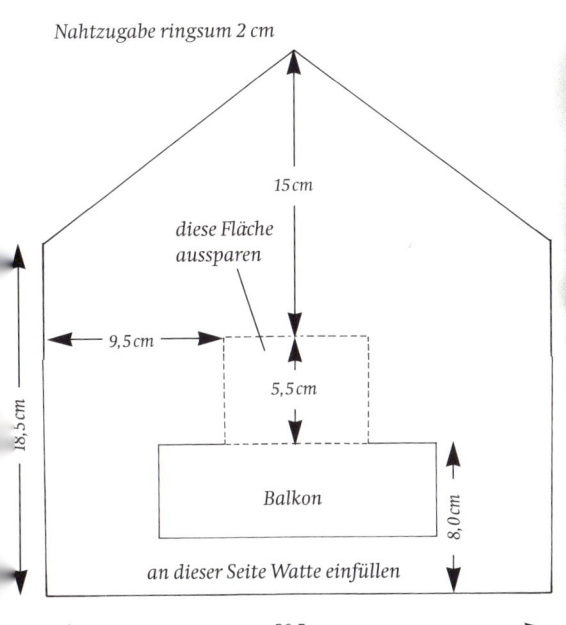

Nahtzugabe ringsum 2 cm

15 cm

diese Fläche aussparen

9,5 cm

5,5 cm

18,5 cm

Balkon

8,0 cm

an dieser Seite Watte einfüllen

26,5 cm

Hasenpaar als Blumenstecker

Das brauchst du

Strickröhren mit 6 und 11 Nägeln
beigefarbene Flauschwolle
braune Wolle (für Häkelnoppen)
weißer, gelber, grüner, pink-
   und rosafarbener Filz
beigefarbenes Fellimitat
1 Watteei, 3,4 x 4,8 cm
1 Watteei, 3 x 3,8 cm
2 braune Holzperlen, 6 mm Ø
3 cm pinkfarbenes Satinband,
   3 mm breit
brauner Sticktwist
Füllwatte
Stoffblüte
2 Holzspieße
stumpfe Stopfnadel
Häkelnadel
Schere
Zackenschere
Bürolocher
Kleber

So wird's gemacht

Hase

Stricke 27 Runden mit der größeren Strickröhre aus Flauschwolle. Verschließe den Schlauch in der zuletzt gestrickten Runde, d. h. fädle die Maschen mit der Stopfnadel auf, raffe sie zusammen und vernähe den Faden. Wende den Schlauch mit einem Kochlöffelstiel. Schiebe das größere Ei in den Strickschlauch und verschließe das noch offene Ende,

d. h. trenne den Anschlag auf, raffe die Maschen der anschließenden Runde zusammen und vernähe den Faden.

Ohren: Stricke 12 Runden mit der kleineren Strickröhre aus Flauschwolle. Verschließe den Schlauch in der zuletzt gestrickten Runde und wende den Schlauch. Fülle die Watte ein und verschließe das noch offene Ende. Das zweite Ohr strickst du genauso. Nähe die Ohren mit Wolle am Kopf an. Häkle aus brauner Wolle eine Büschelmasche (Anleitung siehe unter „Fingerpuppen, Hase" Seite 26) und bringe sie als Schnauze an. Sticke Barthaare aus braunem Sticktwist auf und klebe den Mund aus rosafarbenem Filz auf. Schneide 2 Augenovale aus weißem Filz aus und klebe sie zusammen mit je einer halbierten Holzperle an. Stecke die Stoffblüte zwischen die Ohren.

Häsin

Die Häsin strickst du genauso wie den Hasen, nur alles etwas kleiner: Der Kopf hat nur 20 Runden, die Ohren jeweils 8 Runden. Für den Kopf verwendest du das kleinere Watteei. Zwischen die Ohren kommt ein kleines Dreieck aus Fellimitat. Die Häsin hat keinen Mund, dafür 2 Bäckchen aus

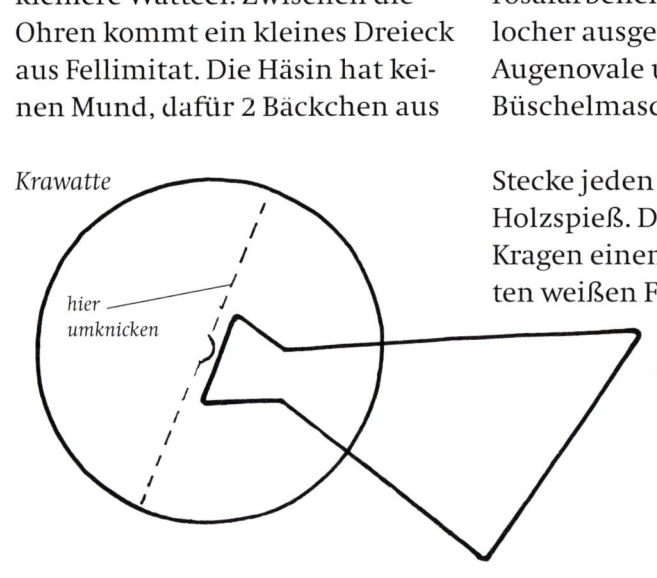

Krawatte

hier umknicken

rosafarbenem Filz (mit dem Bürolocher ausgestanzt), kleinere Augenovale und eine kleinere Büschelmasche als Schnauze.

Stecke jeden Hasenkopf auf einen Holzspieß. Der Hase erhält als Kragen einen zur Hälfte gefalteten weißen Filzkreis von 4 cm Durchmesser und eine gelbe Krawatte,

Umhänge-
tasche
„Dalmatiner"

So wird's gemacht

Vergrößere die Vorlage mit dem Kopierer auf die doppelte Größe (200%). Nähe eine weiße Stofftasche aus Vorderteil, Rückenteil und einem Zwischenstück. Für Vorder- und Rückenteil schneidest du nach Vorlage jeweils einen Kreis aus weißem Stoff aus. Das Zwischenstück ist ein Streifen, der 4,5 cm breit und etwa 43 cm lang ist (die genaue Länge musst du durch Einpassen herausfinden). Nähe den Reißverschluss mittig längs in das Zwischenstück ein, bevor du die 3 Teile zusammennähst. Stelle das Trageband aus doppelt gelegtem Stoff in einer Länge von 75 cm und einer fertigen Breite von 2 cm her. Arbeite an den Enden Knopflöcher ein und nähe seitlich am Zwischenstück die Knöpfe an. So kannst du das Trageband auch abnehmen. Stopfe die Tasche mit weichem Papier prall aus.

Das brauchst du

Strickliesel
25 cm weißer, kräftiger Stoff, 90 cm breit
weißer Reißverschluss, 16 cm lang
2 weiße Knöpfe, 15 mm Ø
weißer Nähfaden
weiße und schwarze Wolle
schwarzer Filz
2 Wackelaugen, 12 mm Ø
20 cm Karo-Taftband, 4 cm breit
schwarze Plastikfolie (z. B. Taschenkalender-Deckfolie)
weißer Wollpompon, 2 cm Ø
Schere
Textilkleber

…ie du nach Vorlage ausschneidest und mit pinkfarbenen Filzplättchen verzierst. Die Häsin bekommt ebenfalls einen zur Hälfte gefalteten Filzkreis von …cm Durchmesser als Kragen, …en du mit der Zackenschere …us grünem Filz ausschneidest. …inde ihr mit dem Satinband …och ein pinkfarbenes Schleif-chen um.

Umhängetasche Dalmatiner
Nahtzugaben: 1,5 cm

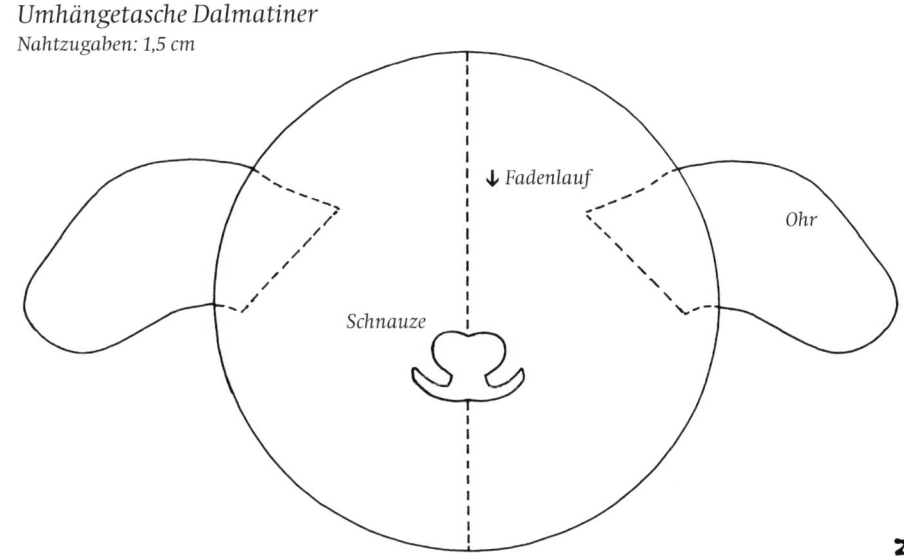

↓ *Fadenlauf*

Ohr

Schnauze

Schneide jedes Ohr nach Vorlage einmal aus Filz und einmal aus Plastikfolie zu, klebe die beiden Teile zusammen und bringe die Ohren am Vorderteil der Tasche an. Die Plastikfolie schaut nach hinten. Stricke einen 1,8 m langen und einen 13 cm langen Schlauch aus weißer Wolle. Arbeite dabei in den kleinen Schlauch in unregelmäßigen Abständen einige Reihen aus schwarzer Wolle ein,

um so das Dalmatinermuster nachzuahmen. Klebe den langen Schlauch, in der Mitte der Vorderseite beginnend, spiralförmig auf die Tasche. Du musst darauf achten, dass die Reihen dicht aneinander liegen.

Klebe nach der 6. Reihe den kleinen schwarz-weißen Schlauch in der oberen Gesichtshälfte als 7. Reihe ein und setze dann die Spirale fort. Klebe die Wackelaugen

auf schwarze Filzkreise in der Größe einer 1-Euro-Münze. Schneide den Pompon an 2 gegenüberliegenden Seiten flach. Schneide die Schnauze nach Vorlage aus schwarzer Plastikfolie und klebe sie auf die eine abgeflachte Seite des Pompons. Die andere Seite klebst du in der Mitte der Tasche an, die Augen darüber. Verziere den Kopf mit einer Schleife aus Karoband.

38

Umhängetasche „Marienkäfer"

So wird's gemacht

Das brauchst du

Strickliesel
25 cm roter Baby-Cord, 90 cm breit
dünner roter Stoff, 20 x 20 cm
roter Reißverschluss, 16 cm lang
2 rote Knöpfe, 15 mm Ø
roter Nähfaden
rote Wolle
weißer und schwarzer Filz
Schere
Textilkleber

Vergrößere die Vorlagen mit dem Kopierer auf die doppelte Größe (200%). Nähe eine rote Baby-Cord-Tasche aus Vorderteil, Rückenteil und einem Zwischenstück. Für Vorder- und Rückenteil schneidest du nach Vorlage jeweils einen Kreis aus Baby-Cord aus. Das Zwischenstück ist ein Streifen, der 4 cm breit und etwa 46 cm lang ist (die genaue Länge musst du durch Einpassen herausfinden). Nähe den Reißverschluss mittig längs in das Zwischenstück ein, bevor du die drei Teile zusammennähst. Stelle das Trageband aus doppelt gelegtem Stoff in einer Länge von 75 cm und einer fertigen Breite von 2 cm her. Arbeite an den Enden Knopflöcher ein und nähe seitlich am Zwischenstück die Knöpfe an. So kannst du das Trageband auch abnehmen.

Stopfe die Tasche mit weichem Papier prall aus. Schneide das Kopfteil des Käfers (= Teil 1) nach Vorlage aus schwarzem Filz zu und klebe die Augen aus jeweils einem größeren weißen und einem kleineren schwarzen Filzteil auf. Schneide den hinteren Teil des Käfers (= Teil 2) ebenfalls nach Vorlage aus schwarzem Filz aus. Bringe beide Teile an der Tasche an. Stricke aus roter Wolle zwei 85 cm lange Schläuche. Zeichne nach Vorlage 2 Ovale auf den dünnen roten Stoff. Klebe die beiden Schläuche gegengleich, in der Mitte beginnend, zu ovalen Spiralen darauf. Du musst darauf achten, dass die Reihen dicht aneinander liegen. Schneide nach dem Trocknen die Ovale aus und bringe sie an den ausgesparten Stellen auf dem Käfer an. Verteile Punkte verschiedener Größe (Vorlagen: 1-Cent-Stück, 5-Cent-Stück, 2-Euro-Stück) aus schwarzem Filz auf den Flügeln.

Umhängetasche Marienkäfer
Nahtzugaben: 1,5 cm

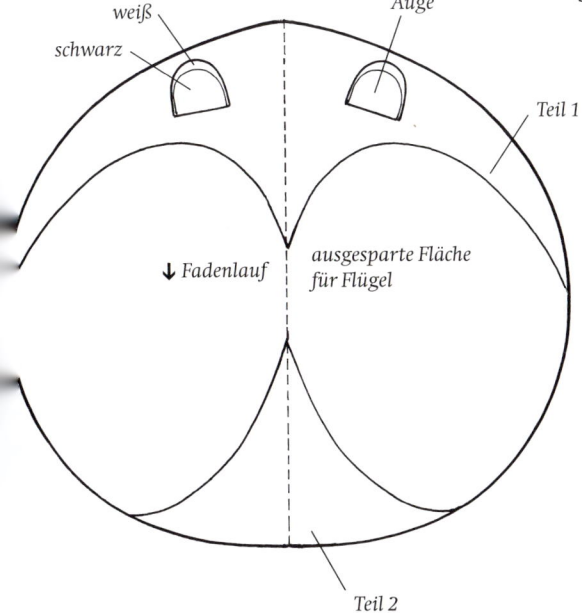

weiß
schwarz
Auge
Teil 1
↓ Fadenlauf
ausgesparte Fläche für Flügel
Teil 2

Marienkäfer, Flügel

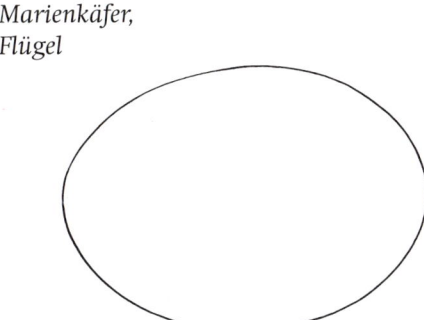

Kleiderbügel: Clown und Äffchen

Das brauchst du

Strickliesel und Strickröhre
  mit 11 Nägeln
gelbe, rosafarbene, hellblaue,
  rostrote und dunkelbraune Wolle
weißer, hautfarbener, gelber, hellbrauner, roter und schwarzer Filz
orange-gelb-melierter und
  blau-grün-melierter Pompon
2 Wattekugeln, 3,5 cm Ø
weißer Karton
1 Holzperle, 8 mm Ø
gelber Nähfaden
2 Kinderkleiderbügel mit
  abschraubbarem Haken
kleiner Zylinderhut
stumpfe Stopfnadel
Nähnadel
Häkelnadel
Schere
Bürolocher
Lochzange
dünne Filzstifte in Rot
  und Schwarz
Kleber

So wird's gemacht

Clown

Schraube den Haken am Kleiderbügel ab. Stricke auf der Strickröhre einen Schlauch aus hellblauer Wolle. Er muss so lang
sein, dass der Kleiderbügel ganz
damit überzogen werden kann.
Verschließe den Schlauch in der
zuletzt gestrickten Runde, d. h.
fädle die Maschen mit der Stopfnadel auf, raffe sie zusammen
und vernähe den Faden. Wende
den Schlauch mit einem Kochlöffelstiel und schiebe den Kleiderbügel ein. Verschließe das
noch offene Ende, d. h. trenne
den Anschlag auf, raffe die
Maschen der anschließenden
Runde zusammen und vernähe
den Faden. Schraube den Haken
wieder ein. Stricke mit der Strickröhre 20 Runden aus rosafarbe-

ner Wolle. Verschließe die zuletzt
gestrickte Runde. Wende den
Schlauch und schiebe eine Wattekugel bis ans Ende ein. Verschließe das noch offene Ende.

Haare: Schneide 40 Fäden aus
rostroter Wolle, je 3 cm lang, zu.
Ziehe sie paarweise mit der Häkelnadel ins rosafarbene Gestrick
ein und verknote sie. Spare dabei
den Platz für den Zylinderhut
aus. Klebe den Hut auf.
Mund, Nase und Augen schneidest du nach Vorlage aus weißem,
schwarzem und rotem Filz aus
und klebst sie auf. Die Pupillen
stanzt du mit der Lochzange aus
weißem Karton aus.
Den Mund zeichnest du mit dem
roten Filzstift auf.

Schleife: Schneide aus gelbem Filz ein Rechteck in der Größe 5 x 14 cm aus und falte daraus eine Schleife, die du in der Mitte zusammennähst. Stricke mit der Strickliesel 10 Runden aus gelber Wolle. Dieses Stückchen Schlauch klebst du vorn über die Mitte der Schleife und hinten an den Hals des Clowns und befestigst das Ganze am Kleiderbügel. Zusätzlich nähst du mit Wolle den Hinterkopf des Clowns am Haken fest. Schmücke den Bügel mit 2 Filzherzen.

Äffchen

Das Äffchen machst du auf dieselbe Weise wie den Clown. Beachte dabei nur folgende Besonderheiten:
Der Schlauch für den Kleiderbügel besteht aus gelber Wolle. Für den Kopf strickst du 20 Runden aus dunkelbrauner Wolle.

Das Gesicht schneidest du nach Vorlage aus dem hautfarbenen Filz.
Die Augen bestehen aus je einer halbierten Holzperle, unterlegt mit jeweils einem weißen ausgestanzten Filzkreis. Augenbrauen, Schnauze und Mund zeichnest du mit dem schwarzen Filzstift ein. Schneide jedes Ohr zweimal nach der Vorlage aus hellbraunem Filz aus, klebe die 2 Teile bis zur gestrichelten Linie zusammen und bringe die unverklebten Teilstücke gespreizt am Kopf an. Schneide das Ohrinnere zweimal aus hautfarbenem Filz aus und klebe es auf die Ohren. Klebe die beiden Pompons dem Affen an den Hals.

Nase, Clown

Auge, Clown

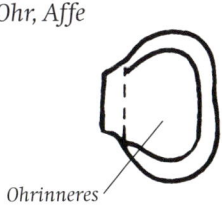

Ohr, Affe

Ohrinneres

Mund, Clown

Gesicht, Affe

Jack und Greg, die beiden Kürbisse

Das brauchst du

Strickliesel
gelbe und orangefarbene Wolle
hellgrüner, dunkelgrüner und
schwarzer Filz
2 Hartschaumkugeln, 7 cm Ø
grüner Chenilledraht
grünes Satinband, 3 mm breit
2 Melonen (Hüte)
weißer Karton
gelber und orangefarbener
 Nähfaden
Nähnadel
Lochzange
Bleistift
Textilkleber

So wird's gemacht

Stricke für jeden Kürbis einen
2,80 m langen Schlauch. Lege
den Schlauch Runde um Runde
um die Hartschaumkugel.
Beginne mit einer kleinen
„Schnecke", die immer größer
wird, und folge dabei der Form
der Kugel. Nähe jeweils die letzte
Runde an der vorausgegangenen
Runde fest. Arbeite so weiter, bis
die Kugel ganz umhüllt ist.
Schneide die Blätter nach Vorlage
aus hell- und dunkelgrünem Filz
aus. Nimm vom Chenilledraht
ein 14 cm langes Stück und drehe
es über einem Bleistift zur Spirale. Umklebe den Hut mit Satinband. Klebe Hut, Chenilledraht
und Blätter an der umhüllten
Kugel an. Beachte dabei den
Schlauchverlauf (siehe Foto).
Augen und Mund schneidest du
nach Vorlage aus schwarzem Filz
und klebst die Teile ebenfalls auf.
Die Pupillen stanzt du mit der
Lochzange aus weißem Karton
aus.

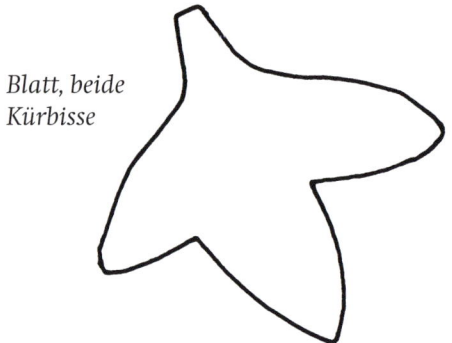

Blatt, beide Kürbisse

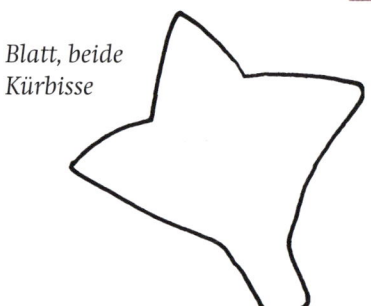

Blatt, beide Kürbisse

Auge, Kürbis, gelb

Mund, Kürbis, gelb   *Mund, Kürbis, orange*

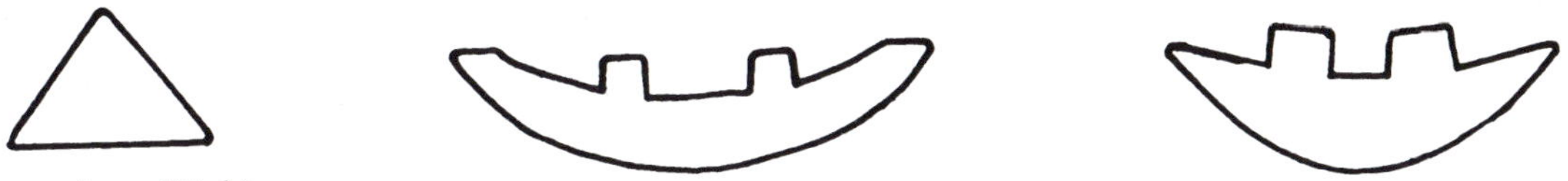

Auge, Kürbis, orange

43

44

Geisterstunde mit Fledermaus, Kunibert und Kunigunde

Das brauchst du

Strickliesel und Strickröhre
  mit 11 Nägeln
weiße, gelbe, grüne und
  schwarze Wolle
weißer, grüner, roter, pinkfarbener und schwarzer Filz
weißer Chenilledraht
weiße Flaumfeder
orangefarbener, schwarzer, lila-
  und pinkfarbener Moosgummi
2 Wattekugeln, 3,5 cm Ø
1 Wattekugel, 2,5 cm Ø
2 Wackelaugen, 1,5 cm Ø
2 Wackelaugen, 0,7 cm Ø
2 Wackelaugen mit weißen
  Lidern und schwarzen Wimpern,
  1,2 cm Ø
Perlonfaden, 0,15 mm Ø
Füllwatte
2 flache Zahnstocher
stumpfe Stopfnadel
Bürolocher
Schere
Silberstift
Kleber

So wird's gemacht

Kunibert (mit Schlüssel)
Kopf: Stricke 20 Runden aus weißer Wolle mit der Strickröhre. Verschließe den Schlauch in der zuletzt gestrickten Runde, d. h. fädle die Maschen mit der Stopfnadel auf, raffe sie zusammen und vernähe den Faden. Wende den Schlauch mit einem Kochlöffelstiel und schiebe eine größere Wattekugel bis ans Ende ein. Verschließe das noch offene Ende, d. h. trenne den Anschlag auf, raffe die Maschen der anschließenden Runde zusammen und vernähe den Faden. Stricke mit der Strickliesel einen 22 cm langen Schlauch, in den du einen ebenso langen Chenilledraht schiebst. An den Enden des Schlauchs befestigst du jeweils eine doppelte, verklebte Hand aus Filz (nach Vorlage auf Seite 47 zugeschnitten). Klebe einen Zahnstocher in den Kopf ein. Lege den Schlauch zur Schlinge und bringe ihn am Zahnstocher an (siehe Foto, Seite 46). Schneide das Kleid nach Vorlage zweimal aus weißem Filz aus, klebe die Seitennähte zusammen, sodass die Armausschnitte und Schultern offen bleiben. Wende das Kleid, schiebe es von unten über die Arme und verklebe die Schulternähte.

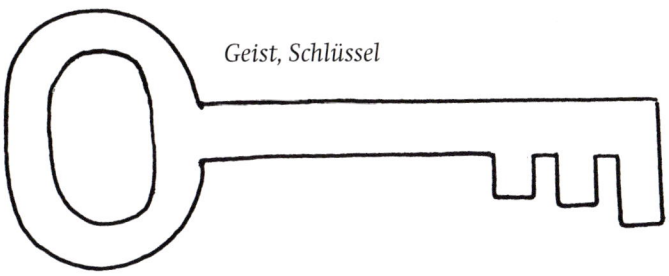

Geist, Schlüssel

Schneide eine Brille aus zwei roten Filzringen (Vorlage für den äußeren Durchmesser = 2-Cent-Stück) und den Mund nach Vorlage aus schwarzem Filz aus. Klebe Brille und Mund sowie zwei Wackelaugen mit 0,7 cm Durchmesser und weiße Flaumfedern als Haare an Kuniberts Kopf an.

Eine Hand hält den Schlüssel, den du nach Vorlage aus orangefarbenem Moosgummi ausschneidest. Das Kleid ist mit einer Tasche aus rotem Filz geschmückt.
Schal: Stricke einen 28 cm langen Schlauch mit der Strickliesel in gelber Wolle. Verschließe und verknote beide Enden.

Kunigunde (mit Schirm)

Stelle diesen Geist auf dieselbe Weise her wie Kunibert und beachte dabei folgende Besonderheiten:

Kopf: Stricke 24 Runden mit der Strickröhre und verschließe den Schlauch in der letzten Runde. Diesmal wendest du den Schlauch nicht, sondern schiebst gleich eine größere Wattekugel ein.

Fledermaus, Flügel

Fledermaus, Bein

Fledermaus, Ohr

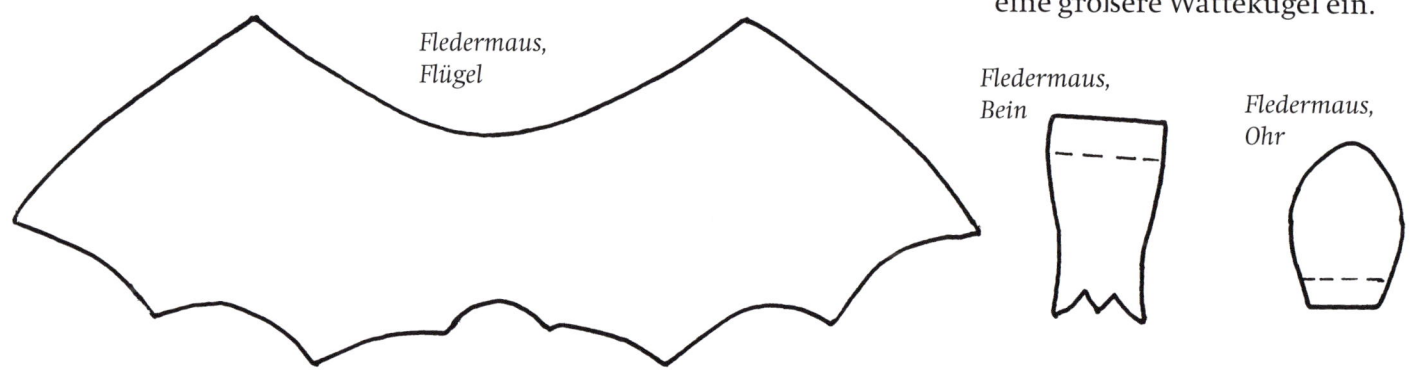

Geist, Hand

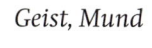

Geist, Mund

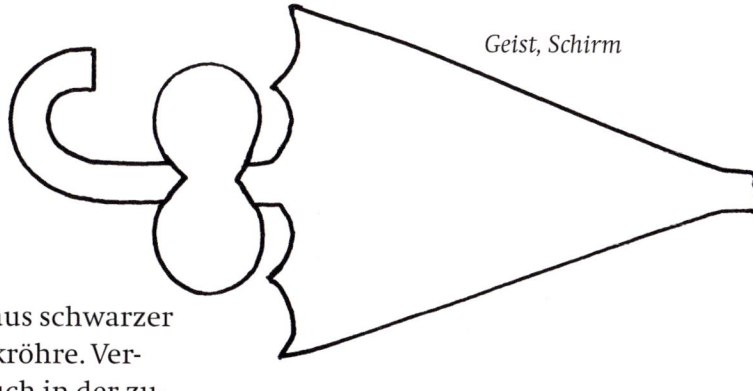

Geist, Schirm

Verschließe nun das noch offene Ende. Binde die obersten 4 Runden mit grüner Wolle zum Dutt ab. Die Wackelaugen haben 1,5 cm Durchmesser, der Mund ist aus rotem Filz. Eine Hand hält einen Schirm aus lilafarbenem Moosgummi mit einer pinkfarbenen Schleife (nach Vorlage zugeschnitten). Zeichne mit dem Silberstift Striche in den Schirm ein. Das Kleid ist mit ausgestanzten grünen Filzplättchen geschmückt.
Schleife: Stricke einen 30 cm langen Schlauch mit der Strickliesel in grüner Wolle. Verschließe und verknote beide Enden.

Fledermaus
Stricke 28 Runden aus schwarzer Wolle mit der Strickröhre. Verschließe den Schlauch in der zuletzt gestrickten Runde, d. h. fädle die Maschen mit der Stopfnadel auf, raffe sie zusammen und vernähe den Faden. Wende den Schlauch mit einem Kochlöffelstiel und schiebe die kleinere Wattekugel bis zum Ende ein. Binde den Schlauch direkt unter dem Kopf mit Wolle ab und stopfe den Rest des Schlauchs mit Watte aus. Verschließe das noch offene Ende, d. h. trenne den Anschlag auf, raffe die Maschen der anschließenden Runde zusammen und vernähe den Faden.
Ohren und Beine: Schneide Ohren und Beine je viermal nach Vorlage aus schwarzem Filz aus,

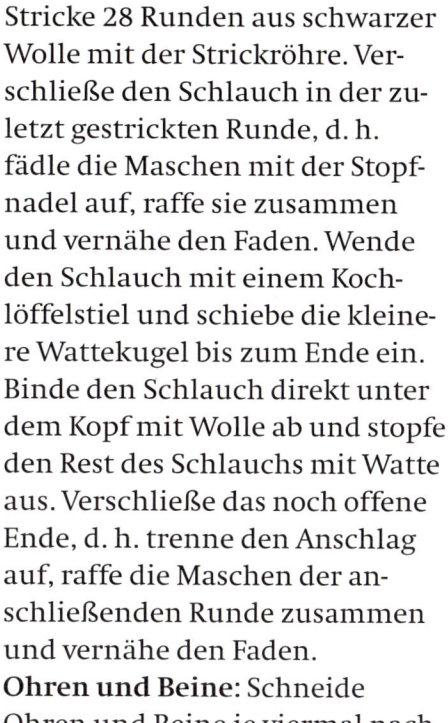

klebe je 2 Teile bis zur gestrichelten Linie zusammen und bringe die unverklebten Teilstücke gespreizt an Kopf und Körper an. Auch die Wackelaugen mit Lidern und Wimpern und das Maul klebst du an den Kopf. Schneide den Flügel einmal aus Moosgummi und einmal aus Filz und klebe die beiden Teile zusammen. Bringe dann die Flügel auf der Rückseite des Fledermauskörpers an, wobei der Filz nach vorn sieht.

Knüpfe an allen 3 Figuren einen Perlonfaden zum Aufhängen an.

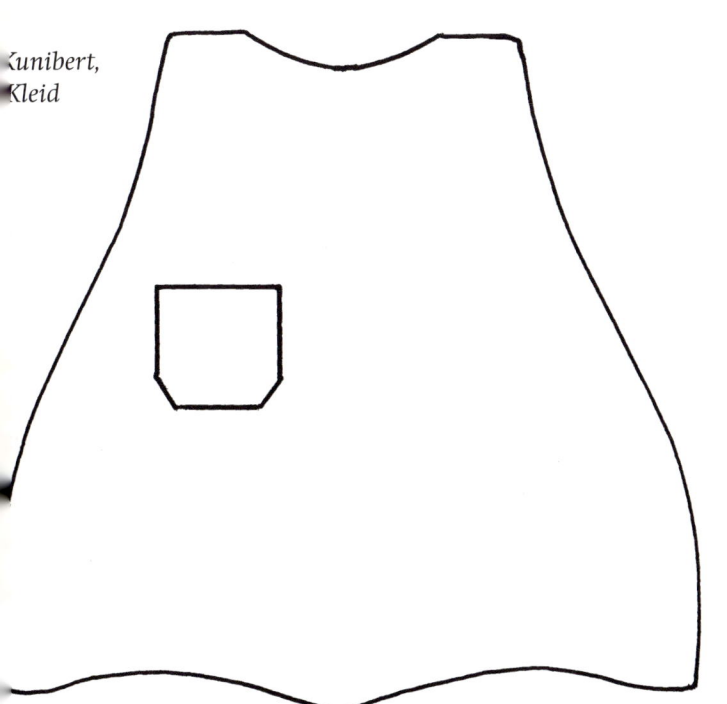

Kunibert, Kleid

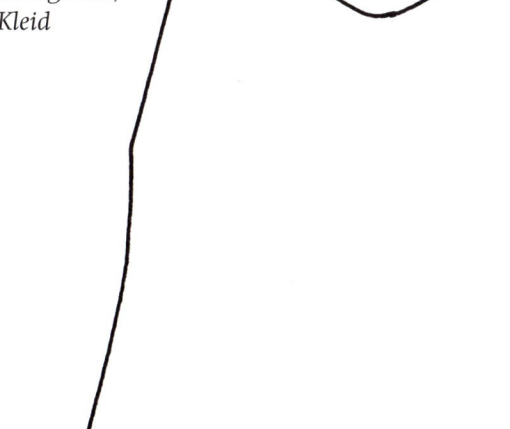

Kunigunde, Kleid

Weihnachtliche Figuren

Das brauchst du

Strickliesel und Strickröhren
  mit 6 und 11 Nägeln
weiße, weinrote, braune, schwarze,
  beige-, rosa-, orange-
  und pinkfarbene Wolle
lilafarbene und rote Flauschwolle
feines weißes Baumwollgarn
weißer, roter, grüner, schwarzer,
  rosa- und pinkfarbener Filz
weißes Fellimitat
weißer Wollpompon, 1,5 cm Ø
2 Wattekugeln, 4 cm Ø
2 Wattekugeln, 3 cm Ø
1 Wattekugel, 1,2 cm Ø
schwarzer Fotokarton
rote Holzperle, 8 mm Ø
braune Holzperle, 6 mm Ø
lila Satinband, 3 mm breit
Füllwatte
Holzleiterchen, 5 x 1,5 cm
goldenes Säckchen
goldene Sternpaillette
bunte Pailletten
stumpfe Stopfnadel
Schere
scharfes Messer
Bürolocher
orangerote Bastelfarbe
Kleber

So wird's gemacht

Nikolaus

Körper und Kopf haben verschiedene Farben. Stricke mit der größeren Strickröhre zuerst 15 Runden für den Körper aus weinroter Wolle und dann fortlaufend 15 Runden aus orangefarbener Wolle für den Kopf. Verschließe den Schlauch in der zuletzt gestrickten Runde, d. h. fädle die Maschen mit der Stopfnadel auf, raffe sie zusammen und vernähe den Faden. Wende den Schlauch mit einem Kochlöffelstiel. Schiebe eine größere Wattekugel als Kopf bis ans Ende in den Schlauch. Binde den Schlauch direkt unter dem Kopf mit Wolle ab und stopfe den Rest des Schlauchs als Körper mit Watte aus. Verschließe das noch offene Ende, d. h. trenne den Anschlag auf, raffe die Maschen der anschließenden Runde zusammen und vernähe den Faden.

Arme: Stricke 8 Runden mit der kleineren Strickröhre in Weinrot. Verschließe die zuletzt gestrickte Runde und wende den Schlauch. Fülle Watte ein. Verschließe das noch offene Ende. Arbeite den zweiten Arm genauso und nähe beide Arme am Körper an.

Mütze: Stricke 28 Runden mit der größeren Strickröhre. Verschließe die letzte Runde, wende den Schlauch und klebe den Wollpompon an der Spitze fest. Stülpe die Mütze über den Kopf, klebe einen weißen, 8 mm breiten Filzstreifen als Mützenrand an. Lege die Mützenspitze seitlich um und nähe sie an. Klebe einen Streifen Fellimitat als Schal und einen weiteren Streifen als Bart an. Setze eine halbe rote Holzperle als Nase ein. 2 schwarze ausgestanzte Filzplättchen sind die Augen und 2 weiße die Knöpfe. Schneide das Weihnachtsbäumchen zweimal nach Vorlage aus grünem Filz aus, klebe die beiden Teile zusammen, schmücke es mit bunten Pailletten und klebe es an einem Arm fest.

Stelle auf dieselbe Weise den Schneemann, den Kaminkehrer und den Engel her. Beachte dabei aber folgende Besonderheiten:

Kaminkehrer

Der Körper wird aus 15 Runden schwarzer Wolle gestrickt, der Kopf aus 13 Runden beigefarbener Wolle. Für den Kopf verwendest du eine Wattekugel mit 3 cm Durchmesser. Stricke für den Schal 28 Runden mit der Strickliesel in roter Flauschwolle. Vernähe die Fäden an beiden Enden.

Hut: Wie du den Zylinderhut bastelst, steht auf Seite 21 bei „Red Screwy". Du verwendest allerdings als Material hier einen auf Fotokarton geklebten schwarzen Filz. Klebe vor dem Aufsetzen

Nikolaus, Tannenbäumchen

braune Wollfäden als Haare in den Hut. Die Nase ist ein rotes, ausgestanztes Filzplättchen, zwei halbierte braune Holzperlen sind die Augen. Klebe dem Kaminkehrer Leiter und Säckchen an die Arme.

Schneemann

Körper und Kopf sind weiß. Stricke für den Schal 28 Runden aus lilafarbener Flauschwolle mit der Strickliesel. Vernähe die Fäden an beiden Enden. Für den Kopf verwendest du eine Wattekugel mit 4 cm Durchmesser.

Den Hut bastelst du genauso wie beim Kaminfeger. Für das Hutband klebst du einen Streifen grünen Filz auf.

Aus der kleinsten Wattekugel entsteht die Nase. Bemale sie mit orangeroter Bastelfarbe. Schneide nach dem Trocknen mit einem scharfen Messer ein Drittel der Kugel ab und klebe die Nase an dieser Stelle am Kopf fest. Verwende schwarze Filzkreise als Augen und Knöpfe.

Engel

Stricke zuerst für den Körper 15 Runden aus rosafarbener Wolle und dann fortlaufend für den Kopf 13 Runden aus weißer Wolle. Für den Kopf verwendest du eine Wattekugel mit 3 cm Durchmesser. Verschließe das untere Ende des Körpers, indem du das Ende flach zusammendrückst und zunähst.

Stricke mit der Strickliesel 20 Runden aus pinkfarbener Wolle und vernähe die Fäden an beiden Enden. Klebe diesen Schlauch um das zugenähte untere Ende des Körpers. Für den Schal strickst du noch mal 16 Runden mit der Strickliesel in Pink. Stricke jeweils 4 Runden auf der kleineren Strickröhre für die Arme.

Frisur: Schneide aus einem Stück Pappe ein Quadrat in der Größe 6,5 x 6,5 cm. Wickle das Baumwollgarn 70 x um die Pappe und binde den Strang an einer beliebigen Stelle, dem späteren Scheitel, mit dem gleichen Garn ab. Nimm den Strang von der Pappe und schneide ihn genau an der dem Scheitel gegenüberliegenden Stelle auseinander. Klebe die Haare am Scheitel auf dem Kopf des Engels fest und schneide sie zu einer Pony-Frisur zurecht. Bringe das Satinband und die Sternpaillette an. Ein Schleifchen verziert das Kleid. Halbe und ganze ausgestanzte Filzplättchen in Schwarz, Pink und Rosa sind Augen, Mund und Bäckchen.

Kakteen

Das brauchst du

Strickröhren mit 6 und 16 Nägeln
grüne Wolle in
  2 verschiedenen Farbtönen
gelber, orange- und pinkfarbener Filz
6 rote Holzperlen, 4 mm Ø
Füllwatte
2 flache Holzstäbchen, 8 cm lang
Trockensteckmasse
2 Tontöpfchen, 7 cm Ø
stumpfe Stopfnadel
Häkelnadel
Stecknadeln mit Glasköpfen
Schere
Kleber

So wird's gemacht

Kaktus mit pinkfarbenen Blüten
Stricke 30 Runden auf der grö
ßeren Strickröhre. Verschließe
den Schlauch in der zuletzt gestrickten Runde, d. h. fädle die
Maschen mit der Stopfnadel auf,
raffe sie zusammen und vernähe
den Faden. Häkle in jede zweite
Maschenkette feste Maschen, sodass Rippen entstehen. Fülle die
Watte ein. Nähe das offene Ende
zu, wobei du gleichzeitig ein
Holzstäbchen etwa 2 cm tief ein-
klebst.

Blüten: Schneide aus pinkfarbenem Filz 6 Sternchen aus und
klebe jeweils eine Holzperle in
die Mitte. Klebe die Blüten auf
den Kaktus. Fülle ein Tontöpfchen
mit Trockensteckmasse. Dafür
drückst du zuerst das Töpfchen
mit seiner Öffnung leicht in die
Masse ein. Damit erhältst du den
Umriss, nach dem du das Steck-
material zuschneidest. Passe das
Material durch Nachschneiden
an die Form des Topfes an. Drücke
den Kaktus mit dem Holzstäbchen mittig in die Steckmasse.
Stecke die Stecknadeln in den
Kaktus.

Kaktus mit orange-gelben Blüten
Stelle diesen Kaktus auf dieselbe
Weise her wie den ersten. Nach
dem ersten Verschließen und vor
dem Füllen mit Watte wendest du
den Schlauch. Stricke die Seitentriebe mit der kleineren Strickröhre, kleine Seitentriebe aus
5 Runden, große Seitentriebe aus
7 Runden. Verschließe jeweils ein
Ende, wende den Schlauch, fülle
Watte ein und verschließe das
andere Ende. Dann klebst du die
Seitentriebe auf.

Blüten: Die große Blüte hat einen
Durchmesser von 5 cm, die kleine
von 3 cm. Schneide entsprechende Kreise aus gelbem Filz aus und
schneide dann erst die Zacken
ein. In die Mitte klebst du einen
kleineren Kreis aus orangefarbenem Filz.

Bastelideen für die Strickliesel

Neue Ideen für die Strickliesel

Hallo,

eim Durchblättern dieses
uches hast du sicher schon all
ie witzigen Spielsachen und
eschenke aus Wolle entdeckt
nd dich vielleicht gefragt, wie
ie entstanden sind. Ganz ein-
ach: Alle wurden mit der guten
lten Strickliesel oder nach
enau demselben Prinzip mit
iner Strickröhre angefertigt.
ine Strickliesel hast du viel-
eicht selbst oder findest eine in
Mamas Handarbeitskorb. Wenn
u aber öfters mit bunten
trickschläuchen basteln willst,
önntest du dir eine Strick-
nühle wünschen, mit der du im
Handumdrehen endlos lange,
bsolut gleichmäßige
Vollwürste strickst. Dickere
chläuche gelingen prima mit
er Strickröhre, die du ganz ein-
ach selbst basteln kannst.

Und was macht man dann mit
den prächtigen Würsten und
Schläuchen? Such dir aus den
Vorschlägen in diesem Buch
deine Lieblingsmodelle aus:
Haarschmuck oder Puppenklei-
der, Taschen, Karten und Tiere –
ja sogar eine ganze Arche Noah.
Da findest du bestimmt das
Richtige für dich selbst oder als
Geschenk für deine Freunde,
Eltern oder Großeltern.
Bestimmt werden alle darüber
staunen, was du mit deiner
Strickliesel zustande gebracht
hast!

Los geht's!
Wir wünschen dir viel Spaß

deine Alice und dein Rolf

Stirnbänder

Buntes Band

Das brauchst du

Strickliesel oder Strickmühle
Wolle, pink, dottergelb,
helllila, dunkellila
Nähgarn, farblich passend
Klettband
Häkelnadel Nr. 2,5 – 3
stumpfe Stopfnadel
Nähnadel
Schere
Kleber

So wird's gemacht

Stricke aus verschiedenfarbiger Wolle mehrere gleich lange Schläuche und versäubere Schlauchende und Anschlag (siehe Seite 10). Häkle die Schläuche auf der linken Seite der Länge nach mit festen Maschen aneinander, sodass ein breites Band entsteht. Gib Acht, dass sich die Schläuche nicht verdrehen. Wenn du damit Mühe hast, heftest du einfach die Strickschläuche vor dem Häkeln mit Faden zusammen. Binde ein Stück gelben Strickschlauch zum Schleifchen und nähe es mit farblich passendem Nähgarn auf das Band. Zum Verschließen des Bandes verwendest du Klettband: Das Häkchenteil nähst du auf die Außenseite des einen Bandendes, das weiche Teil auf die Innenseite des anderen Endes.

Rotes Band

Das brauchst du

Strickliesel oder Strickmühle
Wolle, rot
8 kleine Wollpompons, weiß,
fertig gekauft
Nähgarn, farblich passend
Klettband
Häkelnadel Nr. 2,5 – 3
stumpfe Stopfnadel
Nähnadel
Schere
Kleber

So wird's gemacht

Stricke vier gleich lange Stränge aus roter Wolle und versäubere jeweils Schlauchende und Anschlag. Häkle die Schläuche auf der linken Seite der Länge nach mit festen Maschen aneinander (siehe buntes Band). Klebe acht weiße Wollpompons gleichmäßig verteilt auf das Band und nähe Klettband zum Verschließen auf die Bandenden (siehe oben).

Blau-grünes Band mit Käfern

und Ende des Fadens verknotest du. Die zweite Rosette fertigst du genauso an. In die Mitte der Rosetten klebst du jeweils einen Marienkäfer. (Die Anleitung für den Marienkäfer findest du auf Seite 60.) Nähe Klettband zum Verschließen auf die Bandenden.

Das brauchst du

Strickliesel oder Strickmühle
Strickröhre (6 Nägel)
Wolle, blau, grün
30 cm orangefarbenes Geschenkband mit weißen Punkten, ca. 1,5 cm breit
2 Marienkäfer, selbst angefertigt (Anleitung siehe Seite 60)
Nähgarn, farblich passend
Klettband
Häkelnadel Nr. 2,5 – 3
stumpfe Stopfnadel
Nähnadel
Schere
Kleber

So wird's gemacht

Stricke vier gleich lange Schläuche: zwei aus grüner Wolle mit der Strickliesel und zwei aus blauer Wolle mit der Strickröhre. Versäubere jeweils Schlauchende und Anschlag. Häkle die Schläuche auf der linken Seite der Länge nach mit festen Maschen aneinander (siehe buntes Band). Halbiere das Geschenkband, sodass zwei jeweils 15 cm lange Stücke entstehen. Anfang und Ende jedes Stückes nähst du mit ein paar Stichen zusammen. An einer Kante arbeitest du eine Reihe Vor- oder Heftstiche und schiebst auf dem Faden das Band zur Rosette zusammen. Anfang

58

Band mit Blüten und Schleifen

Das brauchst du

Strickliesel oder Strickmühle
Wolle, hellgelb, weiß
Stoffrest
2 kleine Wollpompons, gelb und
rosa, fertig gekauft
16 cm Satinband, gelb, 2,5 cm breit
Nähgarn, farblich passend
Klettband
Häkelnadel Nr. 2,5 – 3
stumpfe Stopfnadel
Nähnadel
Schere
Kleber

So wird's gemacht

Stricke zwei gleich lange Schläuche aus gelber Wolle und versäubere jeweils Schlauchende und Anschlag. Häkle die Schläuche auf der linken Seite der Länge nach mit festen Maschen aneinander (siehe buntes Band). Nun strickst du aus weißer Wolle einen Schlauch von etwa 50 cm Länge und teilst ihn in zehn gleiche Stücke. Versäubere jeweils Anfang und Ende der Teile wie üblich: Daraus entstehen die Blütenblätter. Zeichne mit Bleistift zwei Kreise von der Größe einer 10-Cent-Münze auf den Stoffrest und schneide sie aus. Klebe jeweils fünf weiße

Schlauchstücke, zur Schlaufe gelegt, zu einer Blüte zusammen auf dem Kreis fest. In die Mitte jeder Blüte klebst du einen Wollpompon. Die fertigen Blüten werden auf das Stirnband geklebt. Für die Schleifchen halbierst du das Satinband und legst jeden der beiden Teile zum Ring, sodass

Anfang und Ende in der hinteren Mitte aufeinander treffen. Dann bindest du die Schleifchen in der Mitte mit gelbem Nähgarn ab und klebst sie rechts und links von den Blüten auf das Stirnband. Als Verschluss nähst du Klettband auf die beiden Enden des Stirnbandes.

Schmuck für Kids

Schlauchs, raffe sie zusammen und vernähe die Fadenenden. Übertrage die Vorlagen für Ohren Augenumrandungen und Maul auf den schwarzen Plastikumschlag. Die Formen schneidest du aus und klebst sie auf dem Pandakopf fest. Die halben schwarzen Holzperlen setzt du mit je einem Tupfer Kleber als Augen ein. Als Hals klebst du die naturfarbene Holzperle fest und schmückst sie mit dem karierten Schleifchen. Dann befestigst du den fertigen Bären mit Kleber auf der Anstecknadel.

Aus der anderen Hälfte der Wattekugel kannst du einen zweiten Pandabären für deine Freundin anfertigen.

Pandabär

Vorlagen siehe Seite 86

Das brauchst du

Strickröhre mit 11 Nägeln
Wolle, weiß
1 Wattekugel Ø 2,5 cm
Plastikumschlag eines alten
Taschenkalenders, schwarz
2 halbe Holzperlen, schwarz, Ø 6 mm
Holzperle, naturfarben, Ø 1 cm
Schleife, lila-weiß kariert, 2 x 3 cm
(fertig gekauft)
Nähgarn, farblich passend
stumpfe Stopfnadel
Bastelmesser
Schere
Kleber
Anstecknadel

So wird's gemacht

Zunächst musst du die Wattekugel mit dem Bastelmesser vorsichtig halbieren. Am besten lässt du dir dabei von einem Erwachsenen helfen.
Stricke mit der Strickröhre (11 Nägel) 25 Runden aus weißer Wolle. Versäubere das Schlauchende und stülpe die Hälfte des Strickschlauchs nach innen. Schiebe eine Hälfte der Wattekugel in den Schlauch. Ziehe mit der Stopfnadel einen Faden durch die Maschen des noch offenen

Marienkäfer

Das brauchst du

Strickröhre mit 6 Nägeln
Wolle, rot
1 Wattekugel, Ø 12 mm
schwarze Holzperle, Ø 1 cm
Stickgarn, schwarz
Plastikumschlag eines alten
Taschenkalenders, schwarz
22 cm blau-gelb kariertes
Geschenkband, 1 cm breit
Bastelmesser
Nähgarn, farblich passend
stumpfe Stopfnadel
Lochzange
Schere
Kleber
Haarspange

So wird's gemacht

Zunächst halbierst du die Wattekugel vorsichtig mit dem Bastelmesser. Achtung! Das Messer ist
sehr scharf. Lass dir von einem
Erwachsenen helfen.
Stricke mit der Röhre (6 Nägel)
zwölf Runden aus roter Wolle
und versäubere das Schlauchende. Wende den Schlauch,
sodass die linke Seite außen
liegt, und stülpe die Hälfte des
Schlauchs nach innen. Dann
schiebst du eine Hälfte der
Wattekugel hinein, ziehst mit
der Stopfnadel einen Faden
durch die Maschen an der
Schlauchöffnung, raffst sie
zusammen und vernähst die
Fadenenden. Als Kopf nähst du
die schwarze Holzperle mit
schwarzem Garn an.

Um die Flügel zu markieren,
spannst du Stickgarn mit einem
langen Stich vom Kopf bis zum
Leibende. Stanze mit der Lochzange aus dem Plastikumschlag
kleine Plättchen, die du auf den
Rücken des Käfers klebst.
Lege aus Geschenkband eine
doppelte Schleife. Den fertigen
Käfer klebst du auf die Schleife
und schließlich die ganze Dekoration auf eine Haarspange.
Aus der zweiten Hälfte der
Wattekugel kannst du gleich
noch einen Käfer basteln. Mit solchen Marienkäfern kannst du
nicht nur Haarspangen, sondern
auch eine Anstecknadel oder ein
Stirnband schmücken (siehe
Seite 58.)

Schmetterling

Vorlagen siehe Seite 86

Das brauchst du

Strickliesel oder Strickmühle
Wolle, dunkelgelb
Filzrest, hellgelb, Ø 2,5 cm
2 Holzperlen, gelb, Ø 8 mm
1 Holzperle, hellgrün, Ø 8 mm
4 Holzperlen, 2 rot, je 1 gelb und
orange, Ø 6 mm
2 Holzperlen, lila, Ø 4 mm
Nähgarn, farblich passend
Nähnadel
stumpfe Stopfnadel
Schere
Kleber
Haarspange

So wird's gemacht

Stricke mit Strickliesel oder
-mühle 65 Runden aus dunkel-
gelber Wolle und versäubere
Schlauchende und Anschlag.
Lege den Schlauch zu einem
Schmetterling und klebe ihn
auf die Filzscheibe.
Fädle die vier mittelgroßen
Holzperlen (Ø 6 mm) in bunter
Folge auf doppeltes Nähgarn.
Zuletzt ziehst du die große grüne
Perle (Ø 8 mm) als Kopf auf und
nähst die Perlschnur als Leib am
Schmetterling fest. Klebe je eine
gelbe und eine kleinere lilafar-
bene Holzperle in die Flügel und
den fertigen Schmetterling auf
eine Haarspange.

Glückwunschkarten

Karte mit Blumenkörbchen

Das brauchst du

Strickröhre mit 11 Nägeln
Strickliesel oder Strickmühle
Wolle, hellgelb, lila, gelb, weiß, rosa,
orange, pink
9 cm Satinband, grün, 4 mm breit
Nähgarn, farblich passend
1 cognacfarbener Strassstein, Ø 7 mm
1 Goldperle, Ø 6 mm
stumpfe Stopfnadel
Sicherheitsnadel
Nähnadel
Häkelnadel Nr. 2,5 – 3
Doppelkarte, grün
Schere
Kleber

So wird's gemacht

Stricke 18 Runden aus hellgelber Wolle mit der Strickröhre. Nimm die Maschen von den Nägeln, wende die Innenseite nach außen und häkle den Schlauch zu. Trenne den Anschlag auf und häkle auch dieses Schlauchende zu. Wegen der ungeraden Maschenzahl (11) musst du mogeln und einmal drei Maschen zusammenschlingen; das fällt später aber nicht auf. Dieses hellgelbe Teil klebst du auf die Karte (siehe Foto) und schlägst dabei die Unter-

kante ein wenig ein, damit das Ganze aussieht wie ein richtiger Korb.

Für den unteren Korbrand strickst du mit Strickliesel oder Strickmühle zehn Runden in Lila, versäuberst Schlauchende und Anschlag und klebst den kurzen Schlauch unterhalb des Korbes auf die Karte.

Jetzt kommen die Blüten an die Reihe. Sie werden mit Strickliesel oder Strickmühle gearbeitet. Schlauchende und Anschlag versäuberst du jeweils wie üblich. Gelbe Blüte: 20 cm Schlauch, zu fünf Blütenblättchen gelegt, mit weißer Wolle abgenäht.
Rosafarbene Blüte: 12 cm Schlauch, zu drei Blütenblättchen gelegt und mit Rosa abgenäht.
Orangerote Blüte: 12 cm Schlauch mit der Sicherheitsnadel nach links gewendet, zu drei Blütenblättchen gelegt und abgenäht. Stelle aus der pinkfarbenen Wolle einen kleinen Pompon her und klebe ihn auf die rosafarbene Blüte. Die Goldperle klebst du auf die gelbe, den Strassstein auf die orangefarbene Blüte. Das grüne Satinband bindest du zu einem kleinen Schleifchen und klebst es seitlich auf den Korb.

Karte mit Herzen

Vorlagen siehe Seite 86

Das brauchst du

Strickliesel oder Strickmühle
Wolle, rot
rotes Stickgarn
Stoffreste, lila mit weißen Punkten
und rot
stumpfe Stopfnadel
dünner Karton
Doppelkarte, naturweiß
Foto
Schere
Kleber

So wird's gemacht

Pause die Herzen von der Vorlage ab (zum Beispiel auf Butterbrotpapier) und übertrage die Formen folgendermaßen auf Stoff und Karton:

- kleines Herz: je einmal auf lila-farbenen und roten Stoff
- mittelgroßes Herz: je zweimal auf lilafarbenen und roten Stoff
- großes Herz: je einmal auf dünnen Karton und auf lilafarbenen Stoff

Die Herzen schneidest du aus und klebst sie auf die Karte (siehe Foto). Die kleinen und mittelgroßen Herzen aus lilafarbenem Stoff werden dabei leicht versetzt auf die roten Herzen geklebt,

sodass der rote Stoff nur ein wenig hervorblitzt. Das große lilafarbene Herz klebst du zuerst auf das Kartonherz und dann mit der Kartonseite auf die Karte. Stricke mit Strickliesel oder Strickmühle 50 Runden mit roter Wolle, und versäubere Schlauchende und Anschlag. Klebe den Strickschlauch um die Herzform und das Foto in die Mitte.

Stifteköcher

Clown

Vorlagen siehe Seite 87

Das brauchst du

Strickliesel oder Strickmühle
Wolle, fliederfarben und orange
Papp- oder Blechdose,
ca. Ø 4 cm innen, 9 cm hoch
Filz, fliederfarben, 8 cm breit, Länge
entsprechend dem Umfang der Dose
Moosgummi, 3 mm dick, hautfarben
Moosgummi, 2 mm dick, weiß, rot,
fliederfarben, grün, schwarz
10 cm Moosgummischlauch, grün
Rest Fellimitat, rostrot
2 Knöpfe, weiß, 17 mm Ø
stumpfe Stopfnadel
Filzstifte, rot und schwarz
Schere
Kleber

So wird's gemacht

Stricke mit Strickliesel oder
Strickmühle fortlaufend einen
Schlauch von 2,10 m Länge, davon
40 cm aus fliederfarbener, den
Rest aus orangeroter Wolle.
Schlauchende und Anschlag versäuberst du. Klebe zunächst den
Filzstreifen über die offene Kante
der Dose und umklebe die ganze
Dose anschließend von oben nach
unten spiralförmig mit dem
Schlauch. Dabei beginnst du oben
mit dem fliederfarbenen Teil.
Das Gesicht des Clowns, Hut und
Schleife schneidest du aus Moosgummi aus: Für das Gesicht zeichnest du zwei Kreise mit 7 cm
Durchmesser auf den hautfarbenen Moosgummi, schneidest sie
aus und klebst sie aufeinander,
sodass eine dickere Scheibe entsteht. Augen und Mund paust du
von der Vorlage ab und überträgst
die Umrisse auf weißen Moosgummi, den Teil für das Innere
des Auges auf schwarzen Moosgummi. Für den Hut verwendest
du grünen, für die Schleife fliederfarbenen Moosgummi. Auf
den roten Moosgummi zeichnest
du einen Kreis von 1,5 cm Durchmesser für die Nase. Schneide alle
Teile aus und klebe das Gesicht
zusammen, wie es das Foto zeigt.
Aus fliederfarbenem Moosgummi
schneidest du ein 3 mm breites
Band und klebst es auf den Hut.
Dann gestaltest du das Gesicht
mit den Filzstiften aus: Umrande
die Augen mit schwarzem und
das weiße Feld um den Mund mit
rotem Filzstift. Die Augenbrauen zeichnest du in Schwarz,
die Lippen in Rot auf. Schneide
vom Fellimitat zwei Streifen von
je 1 x 5 cm und klebe sie unter
den Hutrand. Klebe das obere
Ende des Moosgummischlauches
auf der Rückseite des Kopfes, das
untere Ende in der Dose fest,
sodass der Clown nun über die
Vorderseite der Dose schaut. Dort
wo der Hals in der Dose verschwindet, klebst du das Moos-
gummischleifchen auf. Darunter
klebst oder nähst du die beiden
Knöpfe auf den aufgeklebten
Strickschlauch.

Birdy

Vorlagen siehe Seite 87

Das brauchst du

Strickliesel oder Strickmühle
Wolle, hellgelb und rot
Papp- oder Blechdose, Ø 6 cm,
7 cm hoch
Filz, hellgelb, 8 cm breit, Länge entsprechend dem Umfang der Dose
Moosgummi, 2 mm dick, orange
und gelb
2 Wackelaugen, Ø 18 mm
40 cm Federboa, blau, aus
Marabufedern
Rest schwarzer Karton
stumpfe Stopfnadel
Bürolocher
Schere
Kleber

So wird's gemacht

Stricke fortlaufend 2,25 m mit gelber und 0,50 m mit roter Wolle. Schlauchende und Anschlag versäuberst du. Überklebe zunächst die offene Kante der Dose mit dem Filzstreifen. Anschließend umklebst du die ganze Dose von oben nach unten spiralförmig mit dem Strickschlauch. Beginne oben mit dem gelben Teil.
Die Vorlagen für Schnabel und Füße paust du durch und überträgst den Schnabel auf orangefarbenen, die Füße auf gelben Moosgummi. Schneide alle Teile aus und klebe den Schnabel auf, die Füße unter die Dose. Mit dem Bürolocher stanzt du zwei kleine Plättchen aus dem schwarzen

Karton und klebst sie als Nasenlöcher auf den Schnabel. Die Wackelaugen setzt du mit zwei Tupfern Kleber darüber.
Damit die Frisur des Vogels üppiger ausfällt, legst du das Stück Federboa zu zwei Schlingen und klebst es über dem Gesicht an die Innenseite der Dose.

Frosch

Vorlagen siehe Seite 87

Das brauchst du

Strickliesel
Strickröhre, 11 Nägel
Pappschachtel, 6 cm lang, 4 cm
breit, 7 cm hoch
Filz, hellbraun, 8 cm breit, Länge
entsprechend dem Umfang der
Schachtel
Chenillegarn (Samtgarn), gelb
Styroporkugel, Ø 3 cm
Bastelfarbe, grün
Wolle, grün
Moosgummi, 2 mm dick, grün
2 Wackelaugen, Ø 12 mm
8 cm Geschenkband, rot mit
weißen Punkten, ca. 2 cm breit
Nähgarn, rot
stumpfe Stopfnadel
Bastelmesser
Filzstift, schwarz
Schere
Kleber

So wird's gemacht

Überklebe zunächst die offene Kante der Schachtel mit den Filzstreifen. Damit der Filz keine Falten wirft, schneidest du ihn an den Ecken ein. Stricke mit der

Strickliesel oder mit der Strickmühle einen 2,20 m langen Schlauch aus Chenillegarn und versäubere Schlauchende und Anschlag. Klebe den Schlauch spiralförmig um die Schachtel.
Halbiere die Styroporkugel vorsichtig mit dem Bastelmesser (am besten lässt du dir von einem Erwachsenen helfen) und bemale sie mit der Bastelfarbe.
Stricke mit der Röhre 14 Runden aus grüner Wolle und versäubere das Schlauchende. Wende den Schlauch und schiebe die halbe Styroporkugel bis ans Ende ein. Erst dann versäuberst du auch den Anschlag.
Pause den Umriss des Frosches von der Vorlage ab, übertrage ihn auf grünen Moosgummi und schneide ihn aus. Klebe die Wackelaugen und den Bauch aus der halbierten, mit Strickschlauch überzogenen Styroporkugel auf und male die Nasenlöcher mit schwarzem Filzstift auf. Das Geschenkband nähst du zu einem Schleifchen und klebst es ebenfalls auf. Zum Schluss streichst du die Rückseite des fertigen Frosches mit Kleber ein und befestigst den Frosch auf der Schachtel.

Arche Noah mit Tieren

Arche

Vorlagen siehe Seite 88/89

Das brauchst du

Strickliesel oder Strickmühle
Wolle, hellbraun (ca. 100 g), beige
und rot (je ca. 50 g)
fester Karton
Fotokarton, dunkelrot und braun
Styroporflocken oder ähnliches
Füllmaterial
Filz, hellbraun und dunkelbraun
Vlieseline 200 zum Aufbügeln
Schachtel für die Kajüte, ca. 14 cm
lang, 4,5 cm breit, 8 cm hoch
Häkelnadel
stumpfe Stopfnadel
Nähgarn, farblich passend
Nähnadel
Schere
Heißklebepistole
Klebestift
Weißleim

So wird's gemacht

Schiffsrumpf
Übertrage diese Vorlagen auf festen Karton. Dabei musst du die Vorlage an der gestrichelten Linie umklappen und gegengleich noch einmal aufzeichnen, damit du die vollständige Form erhältst. Schneide die komplette Bootswand (Vorlage an der gestrichelten Linie verdoppeln!) zweimal aus festem Karton zu und verbinde beide Teile mit den Klebelaschen. Dann schneidest du das Zwischendeck ebenfalls aus fes-

tem Karton zu. (Nicht vergessen: An der gestrichelten Linie verdoppeln!) Schiebe dieses Teil waagerecht so weit in den Schiffsrumpf, wie es seine Form erlaubt, und fixiere es mit Heißkleber. Das Zwischendeck bestimmt die Breite des Schiffes und verleiht ihm Stabilität. Bei der Arbeit mit der Heißklebepistole lässt du dir am besten von einem Erwachsenen helfen.
Übertrage die komplette Vorlage für das Oberdeck auf braunen Fotokarton (an der gestrichelten Linie verdoppeln!), schneide die Form aus und schneide zwischen den Außenlinien die Zacken aus wie angegeben. Dann schneidest du die innere Form des Oberdecks ohne die Zacken ein zweites Mal aus braunem Fotokarton aus und klebst sie mit Klebestift in die größere. Fülle den Schiffsrumpf bis knapp 1,5 cm unterhalb der Oberkante mit Styroporflocken. Nun biegst du die Zacken am Rand des Oberdecks nach oben und klebst das fertige Oberdeck mit Weißleim in den Schiffsrumpf, sodass es auf den Styroporflocken aufliegt und die Zackenspitzen die Oberkante der Seitenwände erreichen.
Jetzt geht's ans Stricken! Weil du besonders viel Strickschlauch brauchst, um das ganze Schiff zu umkleben, verwendest du am besten eine Strickmühle, mit der du 13 m in Hellbraun strickst.

Dabei solltest du nur zwei oder höchstens drei Teilstücke arbeiten, bei denen du jeweils Schlauchende und Anschlag wie gewohnt versäuberst.
Mit dem Strickschlauch und Weißleim umklebst du nun den Schiffsrumpf spiralförmig. Streiche immer nur ein kurzes Stück des Schiffsrumpfes mit Weißleim ein, drücke den Strickschlauch darauf, streiche das nächste Teilstück ein und drücke das nächste Stück Strickschlauch darauf. Auf diese Weise trocknet der Leim nicht vorzeitig und verschmiert auch den Strickschlauch nicht beim Umkleben. Anfang und Ende der einzelnen Schlauchstücke sollten immer auf Bug (= Vorderende) oder Heck (= Hinterende) des Schiffes treffen. Ist der ganze Rumpf ummantelt, überklebst du die Zacken am Oberdeck mit einem letzten Stück Strickschlauch.
Häkle zwei Luftmaschenketten aus der hellbraunen Wolle und klebe sie auf Ober- und Unterkante des Schiffes, um kleinere Mängel zu verdecken.
Zum Schluss schneidest du den Boden des Schiffes nach Vorlage (verdoppeln!) aus festem Karton zu, drehst das Schiff um und füllst den Raum zwischen Zwischendeck und Boden mit Styroporflocken. Dann klebst du den Boden mit der Heißklebepistole ein.
Für die Bullaugen, die runden Fenster in der Schiffswand, schneidest du vier Kreise mit

einem Durchmesser von 6 cm aus
dunkelbraunem Filz aus und
bügelst Vlieseline als Versteifung
auf. Klebe die Filzkreise als
Bullaugen mit Weißleim auf den
Schiffsrumpf. Stricke mit der
Strickliesel oder mit der Strickmühle acht Schläuche zu je 64
Runden aus hellbrauner Wolle,
nähe sie zu Ringen zusammen
und klebe jeweils zwei davon aufeinander. Dann klebst du diese
Ringe als Umrandung um die
Bullaugen.

Vorlagen siehe Seite 90

Kajüte

Für die Kajüte, das kleine
Häuschen auf dem Schiff,
brauchst du eine Schachtel, die
etwa 14 cm lang, 4,5 cm breit und
8 cm hoch ist. Wenn du keine fertige findest, schneidest und
klebst du dir einfach eine auf
diese Maße zurecht.
Stricke mit der Strickliesel oder
mit der Strickmühle einen
3,25 m langen Schlauch aus

beigefarbener Wolle und versäubere Schlauchende und Anschlag.
Mit diesem Schlauch umklebst du
die Schachtel spiralförmig, wobei
du an einer der oberen Ecken
beginnst.
Für das Dach schneidest du zwei
Rechtecke von 12 x 17,5 cm aus
rotem Fotokarton und klebst sie
mit Klebestift aufeinander. Dieses
Rechteck ritzt du in der Mitte der
Länge nach mit der Schere ein,
winkelst es ab und klebst es als
Dach auf die Schachtel.

Stricke mit der Strickliesel oder mit der Strickmühle aus roter Wolle 13 Schläuche von jeweils 17 cm Länge und versäubere bei jedem Schlauch Ende und Anschlag. Den ersten Schlauch klebst du mit Weißleim auf die Firstkante, also dorthin, wo das Dach am höchsten ist. Die anderen Schläuche klebst du der Reihe nach auf, jeweils sechs Schläuche auf eine Dachseite.

Für die Wellenlinien, die das Dach an beiden Längsseiten begrenzen, strickst du zwei rote Schläuche, je 60 cm lang, versäuberst sie und klebst sie wellenförmig auf. Für die Giebelseiten strickst du vier rote Schläuche – je zwei mit 10 und mit 14 cm Länge – und versäuberst sie. Dann klebst du je einen der beiden längeren Schläuche von einer unteren Dachecke an der Kante entlang über den First bis zur gegenüberliegenden unteren Ecke. Die kürzeren Schläuche klebst du zur Zierde darüber (siehe Foto).

An den beiden Längsseiten hat die Kajüte eine Tür. Dafür bügelst du auf den dunkelbraunen Filz Vlieseline auf, überträgst die äußere Kontur von der Vorlage zweimal darauf und schneidest beide Formen aus. Die innere Kontur der Tür überträgst du zweimal auf den hellbraunen Filz, schneidest die Formen aus und klebst zuerst die hellbraunen Teile auf die dunkelbraunen und anschließend die fertigen Türen auf die Kajütenwand.

Noah

Vorlagen siehe Seite 90

Das brauchst du

je 1 Strickröhre mit 6 und mit 11 Nägeln
Wolle, naturfarben
dünnes Baumwollgarn, naturfarben (eventuell Knopflochgarn)
Rest Nickistoff, hellbraun
Vlieseline 180 zum Aufbügeln
Chenilledraht, beige
1 Wattekugel, Ø 3 cm
2 Wattekugeln, Ø 2 cm
2 Wattekugeln, Ø 1,2 cm
2 halbe Holzperlen, schwarz, Ø 6 mm
1 halbe Holzperle, Ø 8 mm
Holzspieß (Schaschlikspießchen)
Bastelfarbe, hautfarben
Sicherheitsnadel
stumpfe Stopfnadel
Bastelmesser
Schere
Filzstift, fein schreibend, schwarz
Kleber

So wird's gemacht

Grundgerüst

Die Figur des Noah besteht aus Chenilledraht und Wattekugeln. Wie sie angefertigt wird, siehst du auf den folgenden drei Fotos. Damit die einzelnen Teile und Arbeitsschritte besser zu erkennen sind, wurde für die Fotos andersfarbiger Chenilledraht verwendet.

Figur 1

Biege ein 10 cm langes Stück Chenilledraht (im Foto pink) und ein 16 cm langes Stück (im Foto gelb) jeweils zu einem V. Die Enden des längeren Stücks biegst du, wie abgebildet, zu Armen mit einer Länge von 4 cm. Verhake beide Stücke ineinander.

Figur 2

Lege ein 18 cm langes Stück Chenilledraht (im Foto violett) um Figur 1: Ein Drahtende führt hinter der Figur senkrecht nach oben und überragt die Schultern um 1,5 cm. Führe dann den Draht zwischen den Beinen nach vorn und umwickle den Körper mit fünf Windungen. Das Ende des Drahtes steht mit dem Anfang nach oben.

Schneide beide Enden auf gleiche Länge, allerdings nicht zu kurz, damit du später noch die Wattekugel für den Kopf aufstecken kannst.

Figur 3
So sähe die fertige Figur mit den Wattekugeln für Kopf, Hände und Füße aus. Vorerst bemalst du nur alle Wattekugeln mit Bastelfarbe im Hautton, steckst sie aber noch nicht auf die Drähte.

Kleidung
Nun strickst du folgende Schläuche aus naturfarbener Wolle:

• Strickröhre mit sechs Nägeln: zwei Schläuche mit je elf Runden
• Strickröhre mit elf Nägeln: einen Schlauch mit 15 Runden und zwei Schläuche mit je 13 Runden

Für jeden dieser Schläuche gilt: Fädle die Maschen der letzten Runde mit der Stopfnadel auf den Faden, den du hängen lässt. Wende alle Schläuche mit der Sicherheitsnadel und ziehe Noah wie folgt an:
Als Pulli nimmst du den Schlauch mit 15 Runden, schiebst ihn von den Beinen her bis zum Halsansatz. Die Maschen auf dem Faden liegen am Halsansatz. Schiebe auch die Schläuche mit 11 Runden als Ärmel bis zum Halsansatz. Zieh die Fäden stramm an und klebe die

Kleidungsteile am Körper fest. Die Ärmel schlägst du nach außen um. Die zwei restlichen Schläuche streifst du als Hose über die Beine der Figur, ziehst die Fäden wieder stramm an und klebst die Schläuche an der Hüfte fest.

Bügle Vlieseline auf den Nickistoff auf, übertrage die Vorlage für die Weste darauf und schneide Vorder- und Rückenteil zu. Klebe die beiden Teile an den Schultern zusammen und ziehe der Figur die Weste über. Erst dann klebst du die Weste an den Seiten zusammen.

Kopf, Füße und Hände
Stecke die Wattekugeln auf die Drähte: die größte als Kopf, die mittelgroßen als Füße, die kleinsten als Hände. Bitte einen Erwachsenen, mit dem Bastelmesser die Füße an der Unterseite flach zu schneiden, dann steht die Figur besser.
Bemale die halbe Perle mit einem Durchmesser von 8 mm mit hautfarbener Bastelfarbe und klebe sie nach dem Trocknen als Nase auf. Die halben schwarzen Perlen klebst du als Augen auf. Lidstriche und Augenbrauen zeichnest du mit einem feinen schwarzen Filzstift auf.

Bart und Frisur
Für den Bart legst du etwa 20 jeweils 4 cm lange Stücke Baumwollgarn sehr dicht nebeneinander auf eine Unterlage. Die Fäden ergeben so eine Breite von etwa 2,5 cm. Quer über die Mitte

der Fäden legst du einen 3 cm langen, mit Kleber bestrichenen Faden. Wenn der Kleber getrocknet ist, faltest du die obere Hälfte über den Querfaden nach unten und klebst den Bart unter die Nase der Noah-Figur.

Für die Frisur schneidest du ein 7 x 7 cm großes Stück Pappe zu und umwickelst es 80-mal mit Baumwollgarn. Binde diesen Strang an einer beliebigen Stelle – dem späteren Scheitel- mit demselben Garn ab. Dann nimmst du den Strang von dem Pappkern ab und schneidest ihn an der dem Scheitel gegenüberliegenden Stelle auseinander. Kürze einige Fäden als Stirnfransen, klebe die Haare auf Noahs Kopf fest und verteile sie gleichmäßig.

Zum Schluss klebst du mit Weißleim einen Holzspieß als Hirtenstab an die eine Hand der Figur.

Schweinchen und Hasen

Vorlagen siehe Seite 90

Das brauchst du

Für 2 Schweinchen und 2 Hasen:
Strickröhre mit 11 Nägeln
Wolle, rosa und weiß
Filz, rosa und weiß
4 halbe Wattekugeln, Ø 2,5 cm
2 flache Knöpfe, Ø 1 cm
4 halbe Holzperlen, schwarz, Ø 4 mm
4 halbe Holzperlen, braun, Ø 4 mm
2 halbe Holzperlen, pink, Ø 4 mm
stumpfe Stopfnadel
Sicherheitsnadel
Schere
Filzstift, fein schreibend, rot und schwarz
Kleber

So wird's gemacht

Schweinchen

Stricke mit der Röhre elf Runden aus rosafarbener Wolle und versäubere das Schlauchende. Schiebe eine halbe Wattekugel in den Schlauch und versäubere auch den Anschlag. Schneide die Ohren nach der Vorlage aus rosafarbenem Filz und klebe sie an den Kopf. Den Knopf beklebst du mit rosafarbenem Filz und zeichnest mit einem feinen roten Filzstift Nasenlöcher auf. Zum Schluss klebst du die Knopfnase und zwei halbe schwarze Holzperlen als Augen auf. Das zweite Schweinchen fertigst du genauso an.

Hasen

Die Hasen stellst du auf die gleiche Weise her wie die Schweinchen, aber aus weißer Wolle. Außerdem wendest du den Strickschlauch mit der Sicherheitsnadel, bevor du die halbe Wattekugel hineinschiebst. Die Augen sind braun, die Ohren sind weiß und haben zusätzlich ein rosafarbenes Ohrinneres (siehe Vorlage). Die Schnauze ist ein rosafarbenes Filzscheibchen mit 1 cm Durchmesser. Klebe als Nase eine halbe pinkfarbene Holzperle auf. Zeichne das Maul mit schwarzem Filzstift ein. Fertige zwei Hasenköpfe nach diesem Schema an. Klebe die Tierköpfe in die Bullaugen ein.

Pinguin

Vorlagen siehe Seite 90

Das brauchst du

Für 1 Pinguin:
je 1 Strickröhre mit 11 und mit 6 Nägeln
Wolle, schwarz
Stopfgarn, schwarz
Filz, weiß und gelb
2 Wackelaugen, Ø 8 mm
1 Wattekugel, Ø 3 cm
1 Wattekugel, Ø 1 cm
dünner Karton
stumpfe Stopfnadel
Filzstift, schwarz
Schere
Kleber

So wird's gemacht

Stricke 20 Runden in Schwarz mit der Röhre mit 11 Nägeln. Versäubere das Schlauchende wie üblich. Klebe die kleine Wattekugel als Kopf auf die große. Dies ist der Rohling für den Pinguin, den du mit Filzstift schwarz bemalst. Schiebe die bemalte Figur in den Strickschlauch und versäubere den Anschlag.

Schneide nach der Vorlage den Brustlatz aus weißem und den Schnabel aus gelbem Filz zu und klebe sie am Pinguin an. Bringe die Wackelaugen mit zwei Tupfern Kleber an und klebe ein kleines Büschel aus Stopfgarn auf den Kopf. Die Füße schneidest du nach der Vorlage aus Karton aus, beklebst sie mit Filz und klebst sie unter den Pinguin.

Stricke für die Flügel auf der kleinen Röhre sieben Runden, versäubere die kurzen Schläuche und nähe sie an.

Elefant

Vorlagen siehe Seite 90

Das brauchst du

Für 1 Elefanten:
je 1 Strickröhre mit 11 und mit 6 Nägeln
Strickliesel oder Strickmühle
Wolle, grau
Filz, grau
Chenilledraht, doppelt dick und normal, grau
1 halbe Styroporkugel, Ø 3 cm
2 halbe Holzperlen, schwarz, Ø 6 mm
Füllwatte
stumpfe Stopfnadel
Sicherheitsnadel
Schere
Kleber

So wird's gemacht

Die beiden rechten Beine – Vorder- und Hinterbein – bestehen aus einem durchgehenden Stück, die beiden linken Beine ebenfalls. Für die vier Beine strickst du mit der Strickröhre mit 6 Nägeln zwei Schläuche in Grau mit je 40 Runden. Fädle die Maschen der letzten Runde mit der Stopfnadel auf den Faden, den du hängen lässt. Wende die Schläuche mit der Sicherheitsnadel und versäubere das Schlauchende. Schiebe in jeden Schlauch ein 15 cm langes Stück dicken Chenilledraht, dessen Spitze du zuvor 2 mm weit umbiegst, und versäubere den Anschlag.
Schwanz und Rüssel bestehen ebenfalls aus einem durchgehen-

den Stück. Stricke mit der Strickliesel oder mit der Strickmühle 60 Runden in Grau. Versäubere das Schlauchende wie üblich. Schiebe ein etwa 12 cm langes Stück dünnen Chenilledraht ein, dessen Spitze du zuvor etwa 2 mm weit umbiegst. Lasse ein Endstück, den späteren Schwanz, ohne Chenilledraht und vernähe die Maschen am Schwanzende nicht.
Für den Leib strickst du mit der Röhre mit 11 Nägeln 25 Runden in Grau. Nimm die Maschen von den Nägeln und fädle sie mit der Stopfnadel auf den Faden, den du hängen lässt. Wende den Schlauch so, dass die linken Maschen außen liegen. Stülpe die Hälfte des Schlauchs nach innen. Schiebe das Schwanz-Rüssel-Stück zusammen mit den Beinen in den Leib. Stopfe auch etwas Füllwatte in den Bauch. Raffe die aufgefädelten Maschen des Leibs, die sich jetzt an der Schulter des Elefanten befinden, zusammen und vernähe das Fadenende. Ziehe mit der Stopfnadel einen Faden durch die Maschen des noch offenen Schlauchs am

Schwanzansatz, raffe sie ebenfalls zusammen und vernähe auch hier die Fadenenden.
Umwickle den Schwanz dicht mit der grauen Wolle, spreize das Ende auseinander und gib etwas Kleber auf die Maschen.
Stricke für den Kopf 25 Runden in Grau mit der Röhre mit 11 Nägeln. Stelle den Kopf genauso her wie den Leib. Schiebe ihn dann auf dem Rüssel zum Leib, sodass die aufgefädelten Maschen am Leib anliegen. Schiebe die Styroporkugel-Hälfte in den Kopf, sodass die Wölbung oben liegt. Raffe die am Kopf aufgefädelten Maschen zusammen und vernähe das Fadenende. Nähe den Kopf im Nacken am Leib fest. Dann ziehst du mit der Stopfnadel einen Faden durch die Maschen des noch offenen Schlauchteils, raffst sie am Rüssel zusammen und vernähst die Fadenenden.
Schneide die beiden Ohren nach der Vorlage aus grauem Filz zu. Klebe die beiden halben Holzperlen als Augen und die beiden Filzstücke leicht abgespreizt als Ohren auf. Zum Schluss biegst du den Rüssel zurecht.

Giraffe

Vorlagen siehe Seite 90

Das brauchst du

Für 1 Giraffe:
je 1 Strickröhre mit 11 und mit
6 Nägeln
Strickliesel oder Strickmühle
Wolle, gelb
Filz, braun und beige
Chenilledraht, braun
Stickgarn, schwarz
2 Holzperlen, braun, Ø 6 mm
Füllwatte
stumpfe Stopfnadel
Schere
Kleber

So wird's gemacht

Die Giraffe wird im Wesentlichen angefertigt wie der Elefant. Beachte aber Folgendes: Verwende zum Stricken der Beine die Strickliesel oder die Strickmühle und gelbe Wolle. Versäubere das Schlauchende, schiebe den Chenilledraht ein und versäubere dann auch den Anschlag. Für den Leib der Giraffe strickst du 20 Runden in Gelb mit der großen Strickröhre (11 Nägel). Der Schlauch wird zur Hälfte nach innen gestülpt, aber nicht wie beim Elefanten gewendet; die rechten Maschen liegen also außen.

Schwanz und Hals bestehen aus einem durchgehenden Stück. Stricke mit der Strickliesel oder mit der Strickmühle 36 Runden in Gelb. Der Chenilledraht, der eingeschoben wird, ist 12 cm lang. Schiebe das Schwanz-Hals-Stück zusammen mit den Beinen in den Leib.

Bei der Giraffe ist der Übergang vom Leib zum Hals dicker als der restliche Hals. Um dies darzustellen, muss ein zusätzliches Stück Strickschlauch über den unteren Teil des Halses gezogen werden. Stricke für diesen Halsansatz mit der kleineren Röhre (6 Nägel) zehn Runden. Fädle die Maschen der letzten Runde mit der Stopfnadel auf den Faden, den du hängen lässt. Schiebe diesen Schlauch mit der Anschlagrunde voran über den Hals bis zum Leib, sodass die Anschlagrunde selbst auch im Leib verschwindet. Den am Halsansatz noch offenen Leib raffst du mit Faden zusammen und vernähst ihn.

Für den Kopf strickst du mit der kleineren Röhre (6 Nägel) fünf Runden in Gelb und versäuberst das Schlauchende. Trenne den Anschlag auf, fädle die Maschen der ersten Runde mit der Stopfnadel auf den Faden und lasse ihn hängen. Biege den Chenilledraht des Halses etwa 1 cm vom Ende entfernt nach vorn um, stecke den Kopf auf, klebe ihn fest, raffe die Maschen ein wenig zusammen und vernähe den Faden.

Klebe als Mähne ein 8 cm langes Stück Chenilledraht auf. Die beiden Ohren schneidest du nach der Vorlage aus beigefarbenem Filz aus und klebst sie an den Kopf. Als Stirnzapfen klebst du 1,5 cm lange Stücke Chenilledraht ein, auf deren Ende du die Holzperlen steckst. Die Augen stickst du mit schwarzem Garn auf. Schneide aus braunem Filz beliebig geformte Flecken und klebe sie verteilt auf Leib, Halsansatz und Hals.

Fische

Das brauchst du

Für 2 Fische:
Strickröhre, 11 Nägel
Wolle, orange und rosa
2 halbe Wattekugeln, Ø 2,5 cm
2 Wackelaugen, Ø 12 mm
Häkelnadel
stumpfe Stopfnadel
Schere
Kleber

So wird's gemacht

Stricke mit der Strickröhre (11 Nägel) fortlaufend elf Runden in Orange und sechs Runden in Rosa. Versäubere das Schlauchende wie üblich. Schiebe die halbe Wattekugel ein (die Wölbung weist zum Betrachter) und binde den Schlauch an der Farbgrenze mit orangefarbener Wolle ab. Trenne den Anschlag auf und häkle das Schlauchteil (1 Kettmasche, 1 Luftmasche im Wechsel).

Für die rosafarbene Rückenflosse arbeitest du eine Luftmasche und häkelst in diese Luftmasche fünf Stäbchen mit je einer Luftmasche dazwischen. Vernähe die Fäden. Klebe Flosse und Auge an.

Löwe

Vorlagen siehe Seite 90

Das brauchst du

Für 1 Löwen:
Strickröhre mit 11 Nägeln
Strickliesel oder Strickmühle
Wolle, beige
Flauschwolle, rostrot
fertiger kleiner Pompon aus rostroter Flauschwolle
Filz, cremefarben
Chenilledraht, helle Farbe
1 Wattekugel, 2 cm Ø
1 halbe Wattekugel, 2,5 cm Ø
3 halbe Holzperlen, 6 mm Ø
Filzstift, fein schreibend, schwarz
stumpfe Stopfnadel
Schere
Kleber

So wird's gemacht

Die beiden rechten Beine – Vorder- und Hinterbein – bestehen aus einem durchgehenden Stück, die beiden linken Beine ebenfalls. Für die Beine strickst du mit der Strickliesel oder mit der Strickmühle zwei Schläuche mit je 37 Runden in Beige und versäuberst das Schlauchende. Schiebe in jeden Schlauch einen 13 cm langen Chenilledraht, dessen Spitze du zuvor etwa 2 mm weit umgebo-

gen hast. Dann versäuberst du auch den Anschlag.
Für den Leib strickst du mit der Röhre (11 Nägel) etwa 25 Runden in Beige. Nimm die Maschen von den Nägeln und fädle sie mit der Stopfnadel auf den Faden, den du hängen lässt. Wende den Schlauch so, dass die linken Maschen außen liegen. Stülpe die Hälfte des Schlauchs nach innen.
Hals und Schwanz bilden ein durchgehendes Stück. Stricke mit der Strickliesel oder mit der Strickmühle 30 Runden in Beige und versäubere das Schlauchende. Schiebe ein 11 cm langes Stück Chenilledraht ein, dessen Spitze du umgebogen hast. Versäubere auch den Anschlag. Schiebe das Hals-Schwanz-Stück zusammen mit den Beinen in den Leib und stecke die halbe Wattekugel so in den Leib, dass sie den Rücken bildet. Raffe die am Leib aufgefädelten Maschen zusammen und vernähe das Fadenende. Ziehe mit der

Stopfnadel einen Faden durch die Maschen des noch offenen Schlauchs am Schwanzansatz, raffe sie zusammen und vernähe auch hier die Fadenenden.
Für den Kopf strickst du mit der Röhre (11 Nägel) 18 Runden in Beige und versäuberst das Schlauchende. Wende den Schlauch so, dass die linken Maschen außen liegen, und stülpe die Hälfte nach innen. Schiebe die Wattekugel ein und versäubere auch den Anschlag. Nähe den Kopf auf das Halsende und klebe ihn im Nacken am Rücken fest.
Für die Mähne schneidest du von der Flauschwolle 30 Fäden von je 8 cm Länge zu und knüpfst sie paarweise und dicht über einen querliegenden, 12 cm langen Faden vom gleichen Material. Klebe diese Fransenborte als Mähne rund um den Kopf. Dann umwickelst du ein 8 x 8 cm großes Stück Pappe 30-mal mit Flauschwolle. Binde den Strang an beliebiger Stelle – dem späteren Scheitel – mit der gleichen Wolle ab. Nimm den Strang von der Pappe und schneide ihn an der dem Scheitel gegenüberliegenden Stelle auseinander. Klebe die Haare am Scheitel auf dem Kopf fest.
Schneide die Schnauze nach der Vorlage aus cremefarbenem Filz zu, klebe sie auf und ergänze Nase und Augen mit den halben Holzperlen. Schneide die Mähne zurecht. Zuletzt klebst du den fertigen Pompon am Schwanzende an.

Affe

Vorlagen siehe Seite 90

Das brauchst du

Für 1 Affen:
Strickröhre mit 11 Nägeln
Strickliesel oder Strickmühle
Wolle, braun
Filz, braun und hautfarben
1 Wattekugel, Ø 2,5 cm
4 Wattekugeln, Ø 12 mm
Chenilledraht, braun
Rest Fellimitat, braun
Füllwatte
Plastikumschlag eines alten
Taschenkalenders, schwarz
Bastelfarbe, hautfarben
1 Zahnstocher, rund
stumpfe Stopfnadel
Bürolocher
Lochzange
Schere
Filzstift, schwarz
Kleber

So wird's gemacht

Stricke für den Kopf mit der Röhre (11 Nägel) 13 Runden in Braun und versäubere das Schlauchende. Schiebe die große Wattekugel ein und versäubere auch den Anschlag.
Für den Leib strickst du mit der Röhre acht Runden in Braun, nimmst die Maschen von den Nägeln, fädelst sie mit der Stopfnadel auf und lässt den Faden hängen. Trenne auch den Anschlag auf, fädle die Maschen mit der Stopfnadel auf und lasse den Faden ebenfalls hängen. Wende den Schlauch, sodass die linken Maschen außen liegen.

Arm und Bein einer Körperseite bestehen jeweils aus einem Stück. Stricke mit der Strickliesel oder mit der Strickmühle 35 Runden in Braun, nimm die Maschen von den Nägeln, fädle sie mit der Stopfnadel auf und lasse den Faden hängen. Schiebe ein entsprechend langes Stück Chenilledraht in den Schlauch. Trenne den Anschlag auf, fädle die Maschen mit der Stopfnadel auf und lasse auch hier den Faden hängen. Bemale zwei Wattekugeln mit Bastelfarbe im Hautton und klebe, wenn die Farbe getrocknet ist, je eine davon an Arm und Bein. Ziehe die hängenden Fäden zusammen und vernähe sie. Stelle das zweite Arm-Bein-Teil genauso her.
Lege beide Arm-Bein-Teile nebeneinander und verschlinge sie in der Mitte miteinander. Das Stück für die Beine ist etwas kürzer. Schiebe den Leib über die Verbindungsstelle, stopfe etwas Watte in den Bauch, ziehe die

Fäden zusammen und vernähe sie. Ziehe mit der Stopfnadel einen Faden durch die Maschen des noch offenen Leibs, raffe sie zusammen und vernähe auch hier die Fadenenden.
Schneide die beiden Ohren nach der Vorlage doppelt aus braunem Filz zu, klebe jeweils zwei Ohrteile zusammen und setze auf jedes Ohr mit einem Tupfer Kleber ein rundes Plättchen, das du mit dem Bürolocher aus hautfarbenem Filz ausstanzt. Beide Ohren klebst du leicht abgespreizt rechts und links an den Affenkopf.
Das Gesicht schneidest du aus hautfarbenem Filz nach Vorlage zu, klebst als Augen zwei winzige Plättchen auf, die du mit der Lochzange aus dem Plastikumschlag stanzt, und zeichnest mit schwarzem Filzstift die Einzelheiten auf (siehe Foto). Dann klebst du das fertige Gesicht auf den Affenkopf und ein winziges Fellstückchen an die Stirn des Affen.

witzig und praktisch

Henkeltasche mit Mäusen

Vorlagen siehe Seite 91

Das brauchst du

Für 2 Mäuse:
Strickröhre mit 11 Nägeln
Strickliesel oder Strickmühle
Wolle, gelb, orange und grau
Filz, rosa und grau
Rest Fellimitat, grau
fertige Tasche, ca. 23 x 24 cm, mit einer Vortasche, ca. 9 x 17 cm
Zwirn, weiß
Nähgarn, schwarz
1 Wattekugel, Ø 3,5 cm
4 Wackelaugen, Ø 7 mm
2 Knöpfe, schwarz, mit Stiel, Ø 1 cm
stumpfe Stopfnadel
Nähnadel
kleine Sicherheitsnadel
Bastelmesser
Schere
Kleber

So wird's gemacht

Für den Mäusekopf teilst du die Wattekugel mit dem Bastelmesser in zwei Hälften. Achtung! Das Messer ist sehr scharf. Lass dir von einem Erwachsenen helfen. Stricke mit der Röhre 24 Runden aus grauer Wolle und versäubere das Schlauchende. Wende den Schlauch, sodass die linken Maschen außen liegen. Stülpe die Hälfte des Schlauchs nach innen und schiebe eine halbe Wattekugel ein. Dann ziehst du mit der Stopfnadel einen Faden durch die Maschen an der Schlauchöffnung, raffst sie zusammen und vernähst die Fadenenden.
Mit Strickliesel oder Strickmühle strickst du ebenfalls aus grauer Wolle je 20 Runden für die Arme und 28 Runden für den Schwanz. Nähe eine Seite der Arme zu und umwickle die offenen Maschen der anderen Seite mit grauer Wolle. Spreize die Maschen auseinander und gib etwas Kleber darauf, sodass die Maschen wie kleine Krallen wirken.
Wende das Strickstück für den Schwanz mit der Sicherheitsnadel, versäubere das Schlauchende wie üblich und verknote es.
Schneide die Ohren nach der Vorlage viermal aus grauem Filz und das Ohrinnere zweimal aus rosafarbenem Filz zu. Nähe jeweils zwei graue Teile an den vorgezeichneten Linien zusammen, wende das Ganze und klebe das Ohrinnere ein.
Bestreiche ein 25 cm langes Stück Zwirn mit Kleber und lasse es frei hängend trocknen. Danach schneidest du fünf jeweils 4 cm lange Stücke von dem steifen Zwirn ab und nähst sie als Schnurrbart zusammen mit einem Knopf als Nase an den Kopf. Klebe die Wackelaugen und

ein kleines Stück Fellimitat als Haarschopf auf.
Nun klebst du zuerst die Ohren und anschließend den Kopf auf die Tasche. Die Arme der Maus nähst du von innen an die Vortasche, sodass sie oben aus der Tasche herausschauen. Um den Schwanz in der Tasche zu befestigen, trennst du ein paar Stiche der unteren Naht auf, mit der die Vortasche auf der eigentlichen Tasche befestigt ist, steckst den Schwanz von unten hinter die Vortasche und nähst beides mit ein paar Stichen wieder fest.
Für die bunten Schleifen strickst du mit der Strickliesel oder mit der Strickmühle je 33 cm in Gelb oder Orange und versäuberst Schlauchende und Anschlag wie üblich. Den fertigen Schlauch bindest du zur Schleife, die du auf der Vortasche annähst oder anklebst.

Gürteltasche mit Raupe

Vorlagen siehe Seite 91

Das brauchst du

Strickröhre mit 11 Nägeln
Wolle, dunkelgrün
Filz, gelb, hellgrün, rot und schwarz
fertiges Schleifchen, rosa-weiß kariert, 2,5 x 3,5 cm
6 cm Chenilledraht, grün
2 Holzperlen, grün, Ø 8 mm
1 Wattekugel, Ø 2,5 cm
2 Wattekugeln, Ø 2 cm
fertige Gürteltasche, 14 x 16 cm, mit 3 cm langem Einschnitt
Nähgarn, grün
stumpfe Stopfnadel
Kochlöffel
Bastelmesser
Bürolocher
Schere
Kleber

So wird's gemacht

Stricke mit der Strickröhre 37 Runden in Dunkelgrün und versäubere das Schlauchende. Wende den Schlauch mit einem Kochlöffelstiel. Halbiere die Wattekugeln mit dem Bastelmesser. Die große Halbkugel stellt den Kopf dar, drei der kleinen Halbkugeln bilden den Leib. Schiebe sie in dieser Reihenfolge in den Strickschlauch. (Eine halbe Wattekugel bleibt für eine andere Bastelarbeit übrig.)

Binde den Schlauch jeweils zwischen zwei Halbkugeln mit Nähgarn ab. Das offene Ende nähst du flach zusammen.
Schneide die Augen nach Vorlage aus: die größere Form aus hellgrünem, die kleinere Innenform aus gelbem Filz. Die Pupillen stanzt du mit dem Bürolocher aus schwarzem Filz aus und klebst die Teile für die Augen so aufeinander, wie es das Foto zeigt. Schneide das Maul für die Raupe aus rotem Filz aus und klebe Augen und Maul auf den Raupenkopf.
Für die Fühler kürzt du mit der Schere die Haare des Chenilledrahtes und teilst den Draht in zwei gleich lange Stücke. Stecke jeweils auf ein Ende eine grüne Holzperle, stecke das andere Ende

in den Raupenkopf und befestige diese Fühler zusätzlich mit einem Tupfer Kleber.
Das flache Ende der Raupe schiebst du in den Einschnitt in der Taschenvorderseite und klebst die Raupe auf der Tasche fest. Zuletzt setzt du das Schleifchen mit einem Klebertupfer unter den Kopf der Raupe.

Schal mit Bärenkopf

Vorlagen siehe Seite 91

Das brauchst du

Strickröhre mit 16 Nägeln
Strickliesel oder Strickmühle
Wolle, beige, pink und grün
Nickistoff, beige
Vlieseline 180 zum Aufbügeln, weiß
2 Tieraugen, Ø 1 cm
Knopf, schwarz, mit Stiel, Ø 1 cm
fertiger Schal, 10 x 80 cm
Rest Fellimitat, beige
Styroporkugel, Ø 4 cm
stumpfe Stopfnadel
Kugelschreiber, schwarz
Nähgarn, beige
Nähnadel
Bastelmesser
Kleber

So wird's gemacht

Stricke aus beigefarbener Wolle für den Kopf 32 Runden mit der Strickröhre und versäubere das Schlauchende. Wende den Schlauch so, dass die linken Maschen außen liegen. Stülpe die Hälfte des Strickschlauchs nach innen.
Halbiere die Styroporkugel mit dem Bastelmesser. Achtung! Das Messer ist sehr scharf. Lass dir von einem Erwachsenen helfen. Eine Hälfte schiebst du als Kopf bis zum Ende in den Schlauch und versäuberst den Anschlag. (Die zweite Hälfte der Styroporkugel kannst du für eine andere Bastelarbeit aufbewahren.)
Lege den Nickistoff rechts auf rechts zusammen (das heißt, dass die flauschige Seite innen liegt), übertrage die Ohren von der Vorlage auf den Stoff und schneide sie zweimal aus dem doppelt gelegten Stoff zu. Dann nähst du die beiden Ohren zusammen, lässt aber die gerade Kante zum Wenden offen. Wende die Ohren, sodass die flauschige Seite nun außen liegt, falte an der geraden Kante jeweils 0,5 cm nach innen um und nähe die Öffnung mit einigen Stichen zu. Die Ohren nähst du an den Bärenkopf.
Bügle Vlieseline auf ein Stück Nickistoff und schneide die Schnauze nach Vorlage aus. Zeichne das Maul mit Kugelschreiber auf, nähe den Knopf als Nase an und klebe die fertige Schnauze, die Augen und ein Stückchen Fellimitat als Haarschopf auf den Kopf.
Stricke mit der Strickliesel oder Strickmühle 18 cm aus grüner und 38 cm aus pinkfarbener Wolle, versäubere Schlauchende und Anschlag und verknote beide Schläuche an beiden Enden.
Binde den pinkfarbenen Schlauch zur Schleife und klebe die Schleife zusammen mit dem grünen Schlauchstück unter das Maul.
Zum Schluss nähst du den Bärenkopf auf den Schal.

Kleidung für Modepuppen

Felljacke mit Strickärmeln und Rock

Vorlagen siehe Seite 92

Das brauchst du

je 1 Strickröhre mit
11 und 16 Nägeln
Flauschwolle, lila
Gummifaden, lila
Fellimitat, weiß
Nähgarn, weiß
Häkelnadel
stumpfe Stopfnadel
Nähnadel
Schere
Kleber

So wird's gemacht

Jacke
Fertige nach der Vorlage für Vorder- und Rückenteil der Jacke einen Papierschnitt an und schneide danach ein Rückenteil und zwei Vorderteile aus Fellimitat zu. Dabei musst du den Schnitt für das zweite Vorderteil umdrehen, damit zwei gegengleiche Teile entstehen. Das Fellimitat wird vorsichtig von der Rückseite her geschnitten, damit die Härchen auf der Vorderseite erhalten bleiben. Das erreichst du, wenn du die Schere nur wenig öffnest und dadurch kleine Schnitte ausführst. Nähe die Teile an Seiten und Schultern mit Handstichen aneinander. Stricke mit der kleinen Röhre 28 Runden aus Flauschwolle. Nimm den Schlauch von den Nägeln und häkle als Abschlussrunde eine feste Masche in jede Masche der letzten Runde mit jeweils einer Luftmasche dazwischen. Trenne den Anschlag auf und häkle auch hier, wie beschrieben, eine Abschlussrunde. Arbeite den zweiten Ärmel genauso. Wende die Ärmel und nähe sie in die Armausschnitte der Jacke.

Rock
Stricke mit der großen Röhre 20 Runden aus Flauschwolle. Nimm den Schlauch von den Nägeln und häkle eine Abschlussrunde (siehe Jacke). Trenne den Anschlag auf und häkle auch hier eine Abschlussrunde. Ziehe mit Hilfe der Stopfnadel an einer Kante einen Gummifaden ein, dessen Länge der Taillenweite deiner Puppe entspricht.

Abendkleid in Weiß, Silber und Türkis

Das brauchst du

je 1 Strickröhre mit
6 und 16 Nägeln
Wolle, weiß
Lurexgarn, türkis
Lurexstoff, silber
Vlieseline 180 zum Aufbügeln, weiß
Klettband, weiß
17 Wachsperlen, türkis, Ø 3 mm
Pailletten in Blattform, silber
Häkelnadel
Sicherheitsnadel
stumpfe Stopfnadel
Nähnadel
Nähgarn, weiß und türkis
schmale Gummilitze, weiß
Kleber

So wird's gemacht

Oberteil
Stricke 18 Runden aus weißer Wolle mit der großen Strickröhre (16 Nägel). Nimm den Schlauch von den Nägeln und häkle als Abschluss zwei Runden mit Lurexgarn: Häkle eine feste Masche in jede Masche der letzten Runde mit jeweils einer Luftmasche dazwischen. Trenne den Anschlag auf und häkle ebenfalls zwei Runden mit Lurexgarn als Abschluss.
Für die Ärmel strickst du jeweils 15 Runden mit der kleineren Strickröhre (6 Nägel). Häkle die

Abschlussrunden wie für das Oberteil. Wende die Ärmel.

Rock

Schneide aus Lurexstoff ein 55 x 12 cm großes Rechteck und einen Streifen von 20 x 6 cm zu. Bügle Vlieseline auf beide Teile. Arbeite zwei Reihen Vorstiche an einer Längsseite und kräusle das Rechteck auf die Länge des Streifens ein.

Schlage eine Längsseite des Streifens 1 cm nach hinten um und steppe ihn an dieser Bruchkante als Rockpasse auf das Lurexrechteck. Schließe die Rocknaht bis 3 cm unter dem oberen Rand. Schlage den Stoff am oberen Rand 1 cm breit auf die linke Seite um und steppe diesen Umschlag als Tunnel für die Gummilitze fest. Dann misst du ein Stück Gummilitze ab, das genau um die Taille deiner Puppe passt, und ziehst die Gummilitze ab. Ziehe die Gummilitze in den Tunnel an der Oberkante des Rocks ein. Nähe Anfang und Ende der Litze am umgeschlagenen Stoff fest. Am offenen Teil der Seitennaht nähst du beidseitig ein Stück Klebeband auf. Nähe Perlen gleichmäßig verteilt auf das Oberteil und die Blattpailletten mit je einer Wachsperle 1 cm vom unteren Rand entfernt auf den Rock.

Pinkfarbenes Abendkleid

Das brauchst du

je 1 Strickröhre mit 6 und 16 Nägeln
Flauschwolle, rosa
transparenter Jerseystoff, pink
1 m Schmuckband, pink, 7 mm breit
Filz, rosa
Klettband
Gummifaden
Nähgarn, pink
10 Strasssteine zum Aufkleben
Häkelnadel
stumpfe Stopfnadel
Schere
Kleber

So wird's gemacht

Oberteil

Stricke 25 Runden mit der großen Strickröhre (16 Nägel), nimm den Schlauch von den Nägeln und häkle als Abschlussrunde eine feste Masche in jede Masche der letzten Runde mit jeweils einer Luftmasche dazwischen. Trenne den Anschlag auf und häkle auch hier eine Abschlussrunde, wie eben beschrieben.
Stricke für die Ärmel fünf Runden mit der kleinen Röhre. Häkle die Abschlussrunden wie beim Oberteil. Für den Volant schneidest du zwei Stoffstreifen von 5 x 12 cm zu und nähst jeden von ihnen an den Schmalseiten zusammen. Falte diese Ringe so, dass sich eine Volantbreite von 2,5 cm ergibt und die Naht innen

liegt. Arbeite knapp 1 cm von der Bruchkante entfernt zwei Reihen Heftstiche, kräusle jeden Stoffring auf Ärmelweite ein und nähe an der Unterkante jedes Ärmels einen Volant fest. Schneide vom Schmuckband 16 cm ab, falte das Stück quer in der Mitte und klebe es zu einem 8 cm langen Träger zusammen. Auf diesen Träger klebst du drei Strasssteine und nähst den Träger mit der strassgeschmückten Seite nach vorne in der vorderen Mitte des Oberteils an. Am anderen Ende des Trägers und in der hinteren Mitte des Oberteils (innen) nähst du jeweils ein Stück Klettband an, sodass du der Puppe das Oberteil gut an- und ausziehen kannst. Das Oberteil allein ergibt ein schickes Partykleid, wenn du an der Unterkante noch einen Volant anbringst. Schneide dazu einen Stoffstreifen von 6 x 40 cm zu und arbeite den Volant, wie bei den Ärmeln beschrieben.

Rock

Schneide aus dem transparenten Jerseystoff ein 30 x 70 cm großes Rechteck zu und nähe es an den Schmalseiten zusammen. Falte dieses Stück so, dass sich dabei die Rocklänge von 15 cm ergibt und die Naht innen verläuft. Steppe das Teil 1 cm von der Bruchkante entfernt ab und ziehe zwei Gummifäden ein. Passe den Rock der Taillenweite an und verknote die Fadenenden. Für den Volant schneidest du einen Stoffstreifen von 12 x 90 cm zu und nähst ihn ebenfalls an der

Schmalseiten zusammen. Falte ihn so, dass sich eine Volantbreite von 6 cm ergibt und die Naht innen liegt. Kräusle ihn 1 cm von der Bruchkante entfernt auf Rockweite ein. Nähe den Volant so am Rock fest, dass Volant- und Rockunterkante miteinander abschließen. Das restliche Schmuckband teilst du in sieben jeweils etwa 12 cm lange Stücke,

arbeitest jeweils an der Längskante eine Reihe Heftstiche und kräuselst die Stücke ein. Schneide sieben Filzscheibchen in der Größe von 1-Cent-Stücken zu und klebe darauf die eingekräuselten Bandstücke zu Rosetten. Diese Rosetten klebst du gleichmäßig verteilt auf den Rock und setzt mit einem Tupfer Kleber jeweils einen Strassstein in die Mitte.

Die Oberteile der beiden Abendkleider einmal anders: Das rosafarbene Top wird hier durch einen Volant zum flotten Partykleid, und das Oberteil in Weiß, Silber und Türkis passt ohne die einzeln gearbeiteten Ärmel auch zu einer einfachen Hose.

Deko-Ideen für Frühjahr und Ostern

Hasenparade

Vorlagen siehe Seite 93

Das brauchst du

Für 2 große und 2 kleine Hasen
(siehe Foto):
je 1 Strickröhre mit 6 und mit
11 Nägeln
Flauschwolle, weiß, grau und
hellbraun
Filz, weiß, grau, rosa, hellbraun,
hellgrün, pink
Stoffreste, lila-weiß und rot-weiß
kariert
Wattekugeln
4 Wattekugeln, Ø 10 mm
4 Wattekugeln, Ø 15 mm
2 Wattekugeln, Ø 20 mm
2 Wattekugeln, Ø 25 mm
2 Wattekugeln, Ø 30 mm
2 Wattekugeln, Ø 35 mm
Satinband, gelb und rosa,
 grün und lila, 3 mm breit
je 1 Dekorblütchen aus Samt,
dunkelrot und lila
Reste Fellimitat, weiß und braun
8 halbe Holzperlen, braun, Ø 6 mm
2 halbe Holzperlen, pink, Ø 6 mm
2 Metallglöckchen, Ø 1 cm
Nähgarn, farblich passend
Zwirn, weiß und braun
Häkelnadel Nr. 3
stumpfe Stopfnadel
Nähnadel
Bürolocher
Schere
Kleber

So wird's gemacht

Weißer Hase
Stricke mit der größeren Röhre
(11 Nägel) aus weißer
Flauschwolle für den Leib 30 Runden und für den Kopf 20 Runden.
Für beide Beine strickst du mit
der kleineren Röhre (6 Nägel)
auch aus weißer Flauschwolle je
einen Schlauch mit 16 Runden,
für beide Arme je einen Schlauch
mit zehn Runden.
Versäubere jeweils das Schlauchende wie üblich und wende den
Schlauch, sodass die linke Seite
außen liegt. Stülpe die Hälfte des
Schlauchs nach innen und schiebe folgende Wattekugeln in die
entsprechenden Schläuche:

Leib: 35 mm
Kopf: 30 mm
Beine: 15 mm
Arme: 10 mm

Versäubere auch den Anschlag
und klebe alle Teile zusammen.
Als Hasenschwanz häkelst du eine
Büschelmasche: Arbeite eine
Luftmasche in eine
Anschlagmasche, schlinge den
Faden um die Häkelnadel, stich in
die Luftmasche ein und hole eine
Schlinge durch, die du auf der
Häkelnadel liegen lässt. Wieder-
hole diesen Vorgang, bis du neun
Schlingen auf der Nadel hast.

Dann ziehst du den Faden durch
alle neun Schlingen und häkelst
eine Kettmasche zum Abschluss.
Schneide die Ohren viermal aus
weißem Filz nach der äußeren
Kontur der Vorlage und zweimal
aus rot-weiß kariertem Stoff nach
der inneren Kontur der Vorlage
aus. Klebe je zwei Filzteile bis zur
gestrichelten Linie zusammen
und je ein Stoffteil als Ohrinnere
auf die obere Filzlage. Spreize die
Klebelaschen auseinander und
klebe die Ohren mit der Stoffseite
nach vorne am Kopf an.
Die Augenumrandungen schneidest du aus rosafarbenem Filz
nach der Vorlage aus und klebst
zwei halbe braune Holzperlen als
Augen auf. Dann klebst du die
Augen auf den Hasenkopf.
Bestreiche ein langes Stück Zwirn
mit Kleber und lasse es trocknen.
Von diesem versteiften Zwirn
schneidest du sechs jeweils 3 cm
lange Stücke ab und klebst sie als
Schnurrbart zusammen mit einer
halben rosafarbenen Holzperle
als Nase auf.
Lege ein 2 x 4 cm großes Stück
grünen Filz zur Schleife, binde es
mit gelbem Satinband ab und
klebe es unterhalb des
Hasenkopfes auf. Mit einem
Tupfer Kleber befestigst du ein
Stückchen weißes Fellimitat als
Haarbüschel auf dem Kopf des
Hasen.

Brauner Hase
Den braunen Hasen fertigst du
genauso an wie den weißen,
wechselst jedoch die Farben: Die
Strickschläuche arbeitest du aus

brauner Flauschwolle, die Ohren aus braunem Filz und lila-weiß kariertem Stoff. Die Augenumrandungen schneidest du aus weißem Filz, die Barthaare aus braunem Zwirn und die Schleife aus pinkfarbenem Filz und rosafarbenem Satinband.

Graues Hasenpaar
Im Prinzip werden auch die grauen Hasen angefertigt wie der weiße Hase, jedoch mit einigen kleinen Änderungen: Stricke für den Leib mit der kleinen Röhre 24, für den Kopf 18 Runden aus grauer Flauschwolle. Für den Leib

verwendest du je eine Wattekugel mit 25 mm, für den Kopf je eine mit 20 mm Durchmesser. Stanze für das Maul mit dem Bürolocher je ein Plättchen aus rosafarbenem Filz aus und klebe es zusammen mit den Barthaaren (weiß, 2 cm lang) auf.

Die beiden kleinen Hasen haben gehäkelte Arme und Beine: Häkle wie für den Schwanz auch für jeden Arm und jedes Bein eine Büschelmasche, wie beim weißen Hasen beschrieben.
Als Dekoration schneidest du je ein 8 cm langes Stück grünes oder

lilafarbenes Satinband ab, ziehst ein Glöckchen auf und klebst das Band um den Hals des Häschens. Klebe je ein Samtblütchen in eines der Hasenohren.

Fröhliche Eierwärmer

Vorlagen siehe Seite 93

Das brauchst du

Für 3 Eierwärmer:
Strickliesel oder Strickmühle
Wolle, hellgelb, dottergelb, rot,
grün, braun und schwarz
Filz, weiß, orange, rot, grau
und schwarz
1 Styropor-Ei
Chenilledraht, braun
2 Wackelaugen mit weißen Lidern
2 Holzperlen, braun, Ø 8 mm
fertiges Schleifchen nach Belieben
Nähgarn, farblich passend
stumpfe Stopfnadel
Nähnadel
Eierbecher
Bürolocher
Schere
Kleber

So wird's gemacht

Marienkäfer Felix

Stricke fortlaufend 80 cm aus
roter und 50 cm aus schwarzer
Wolle und versäubere Schlauchende und Anschlag. Stelle ein Ei
aus Styropor in einen Eierbecher
und nähe um diese Grundform
herum den Strickschlauch spiralförmig aneinander. Fasse beim
Zusammennähen nur jeweils das
halbe Maschenglied. Wende
das Häubchen, sodass die Naht
innen liegt.
Aus schwarzem Filz schneidest du
mehrere Kreise mit 1,5 und 1 cm
Durchmesser und den Mund des
Marienkäfers nach der Vorlage zu
und stanzt zwei Plättchen mit
dem Bürolocher als Pupillen für
die Augen aus. Aus weißem Filz
schneidest du zwei Kreise mit
1 cm Durchmesser für die Augen
aus. Klebe die Teile als Gesicht
und Marienkäferpunkte auf, wie
es das Foto zeigt.
Für die Fühler strickst du zwei jeweils 2,5 cm lange Schläuche aus
schwarzer Wolle und versäuberst
bei beiden Schlauchende und
Anschlag. Schneide aus grauem
Filz zwei Streifen von 1,5 x 5 cm
zu, schneide die Längsseite fran-
senartig ein und klebe um ein
Ende jedes Fühlers einen solchen
Fransenstreifen. Dann nähst du
die Fühler auf dem Eierwärmer
fest.

Biene Lola

Stricke fortlaufend 20 cm aus
brauner, 20 cm aus gelber,
18 cm aus brauner, und 55 cm aus
gelber Wolle und arbeite daraus
ein Häubchen, wie beim Marienkäfer beschrieben.
Schneide den Mund nach der Vorlage aus orangefarbenem Filz aus.
Klebe Mund und Wackelaugen
auf (siehe Foto). Für die Fühler
schneidest du ein 6 cm langes
Stück Chenilledraht ab, biegst es
V-förmig und klebst auf jedes
Ende eine braune Holzperle. Die
fertigen Fühler und das Schleifchen nähst du auf der Oberseite
des Eierwärmers an.

84

Raupe Gitte

Stricke fortlaufend 72 cm aus hellgelber und 32 cm aus grüner Wolle und arbeite daraus ein Häubchen, wie beim Marienkäfer beschrieben.

Schneide nach der Vorlage den Mund aus rotem und die Augen aus weißem Filz aus und stanze mit dem Bürolocher die beiden Pupillen aus schwarzem Filz aus. Klebe alle Teile für das Gesicht auf, wie es das Foto zeigt. Aus rotem Filz stanzt du beliebig viele Plättchen mit dem Bürolocher aus und klebst sie jeweils mit einem Tupfer Kleber gleichmäßig verteilt auf den Eierwärmer. Zum Schluss fertigst du einen Pompon aus grüner Wolle an (siehe Seite 13) und nähst ihn auf dem Kopf der Raupe fest.

Küken

Vorlagen siehe Seite 93

Das brauchst du

Für 2 Küken:
je 1 Strickröhre mit 6 und mit 11 Nägeln
Wolle, dottergelb
Filz, weiß, orange und in beliebigen anderen Farben
2 Wattekugeln, Ø 20 mm
2 Wattekugeln, Ø 25 mm
Satinband, gelb und grün, 6 mm breit
2 gelbe Flaumfedern
Nähgarn, farblich passend
Plastikumschlag eines alten Kalenders, schwarz
stumpfe Stopfnadel
Nähnadel
Lochzange
Schere
Kleber

So wird's gemacht

Stricke für den Leib mit der kleinen Röhre 24, für den Kopf 18 Runden aus dottergelber Wolle und fertige Kopf und Leib der Küken nach der Anleitung für den weißen Hasen an. Verwende je eine Wattekugel mit 20 mm Durchmesser für den Kopf, je eine mit 25 mm Durchmesser für den Körper.
Schneide Füße und Schnäbel nach der Vorlage aus orangefarbenem Filz zu und stanze für die Augen mit der Lochzange winzige Plättchen aus dem schwarzen Kalenderumschlag. Klebe die

Füße unter die Küken und setze die Gesichter mit winzigen Klebstofftupfern zusammen, wie es das Foto zeigt.
Für jede der Kappen schneidest du das dreieckige Segment viermal und den Kappenschirm einmal aus Filz in Farben deiner Wahl zu. Nähe die vier Segmente zur Kappe zusammen und klebe den Schirm an die Kappe und anschließend die fertige Kappe auf das Küken. Binde jeweils ein Stück Satinband um den Hals der Küken und klebe eine Flaumfeder an.

Vorlagen für die

Strickliesel

Schmuck für Kinder

Glückwunschkarten

Pandabär, Seite 60

Karte mit Herzen, Seite 63

Auge　　　*Ohr*　　　*Maul*

Schmetterling, Seite 61

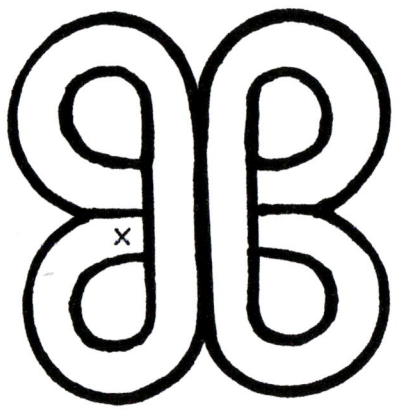

Stifteköcher

Clown, Seite 64

Clown, Hut

Clown, Schleife

Clown, Mund

Clown, Augen

Birdy, Seite 65

Birdy, Schnabel

Birdy, Fuß

Frosch, Seite 65

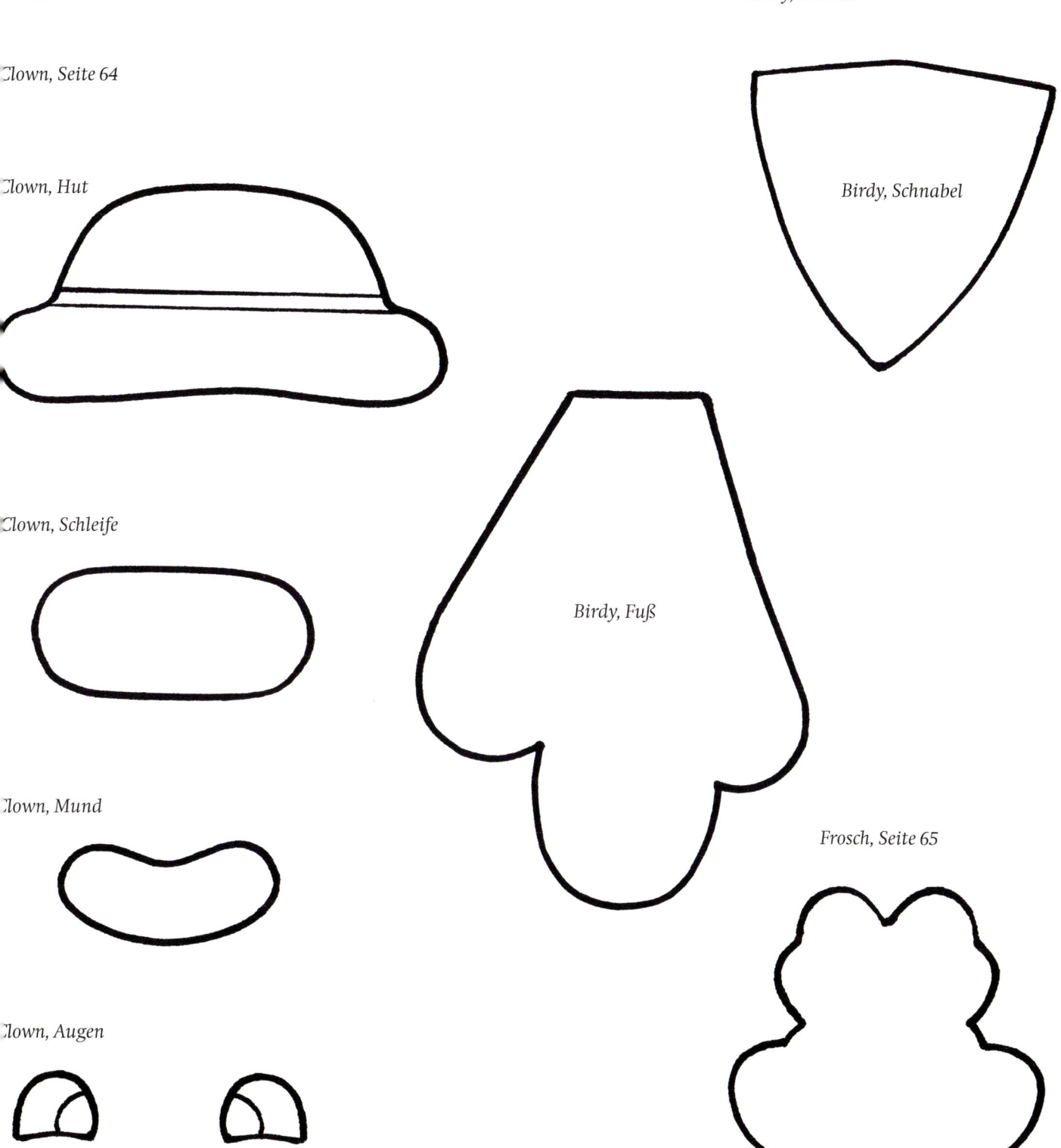

Arche Noah

Seite 66

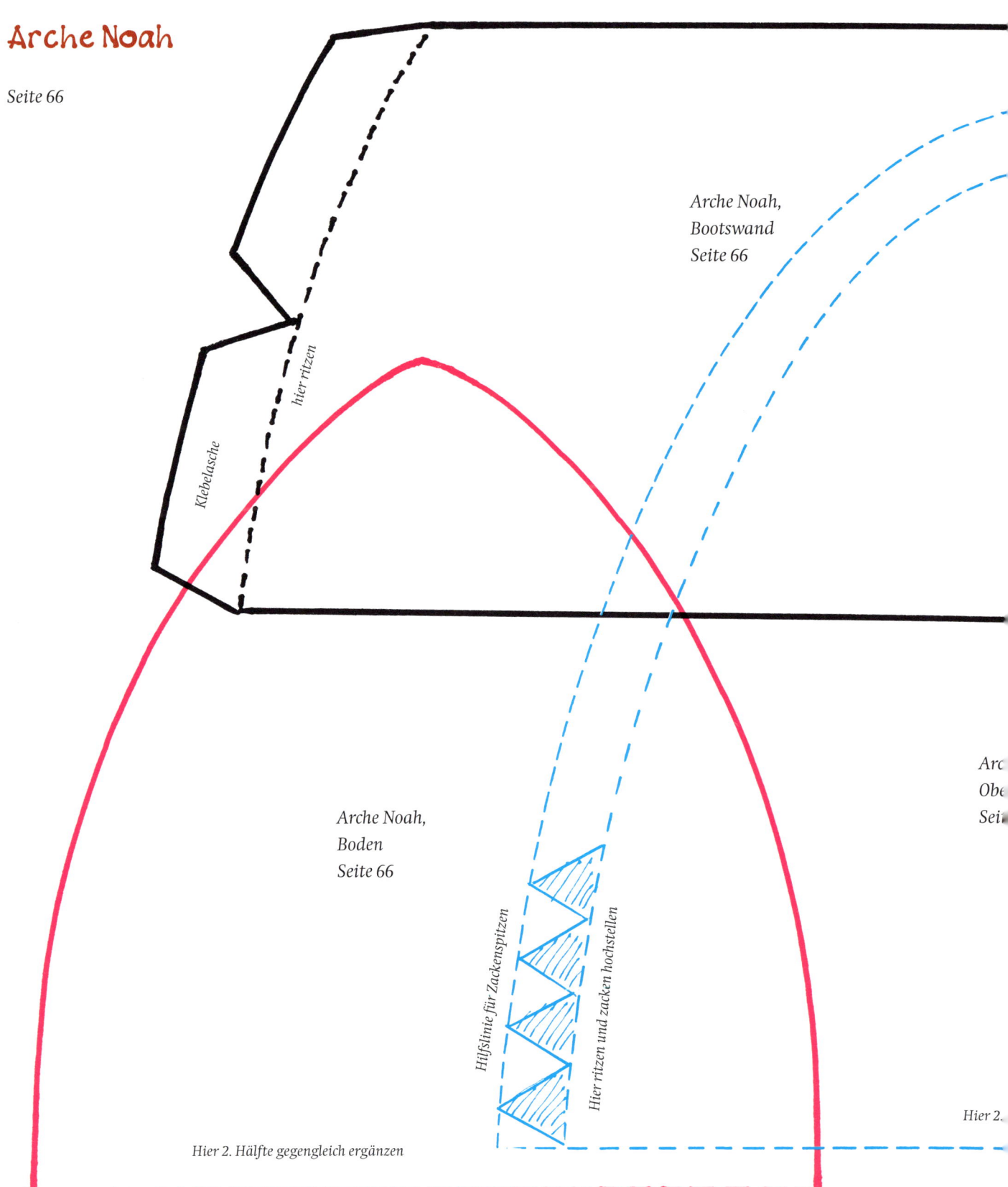

Arche Noah,
Bootswand
Seite 66

Klebelasche

hier ritzen

Arche Noah,
Boden
Seite 66

Hilfslinie für Zackenspitzen

Hier ritzen und zacken hochstellen

Hier 2. Hälfte gegengleich ergänzen

Arc
Obe
Sei

Hier 2.

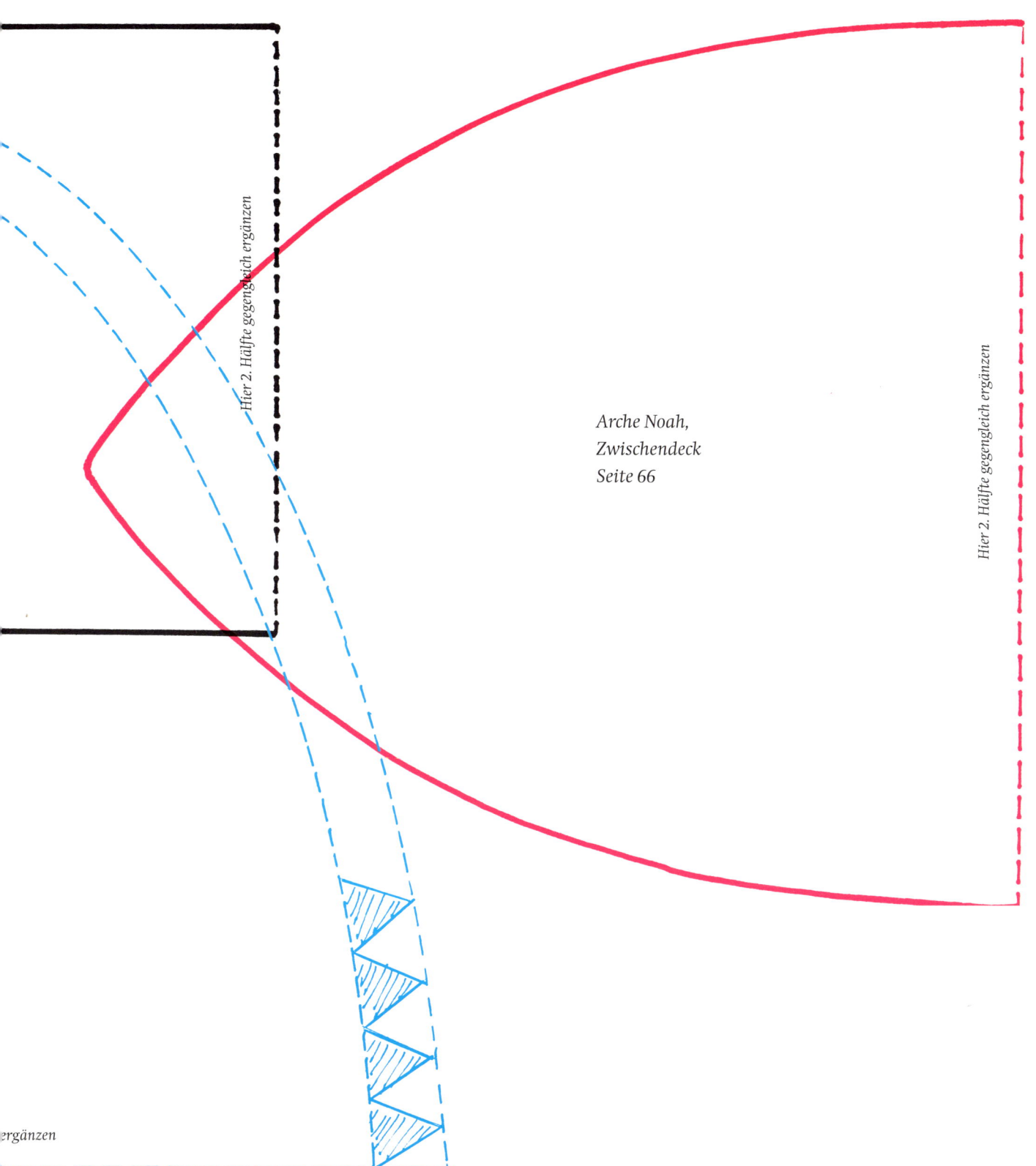

Arche Noah,
Zwischendeck
Seite 66

Hier 2. Hälfte gegengleich ergänzen

Hier 2. Hälfte gegengleich ergänzen

ergänzen

Noah mit Tieren

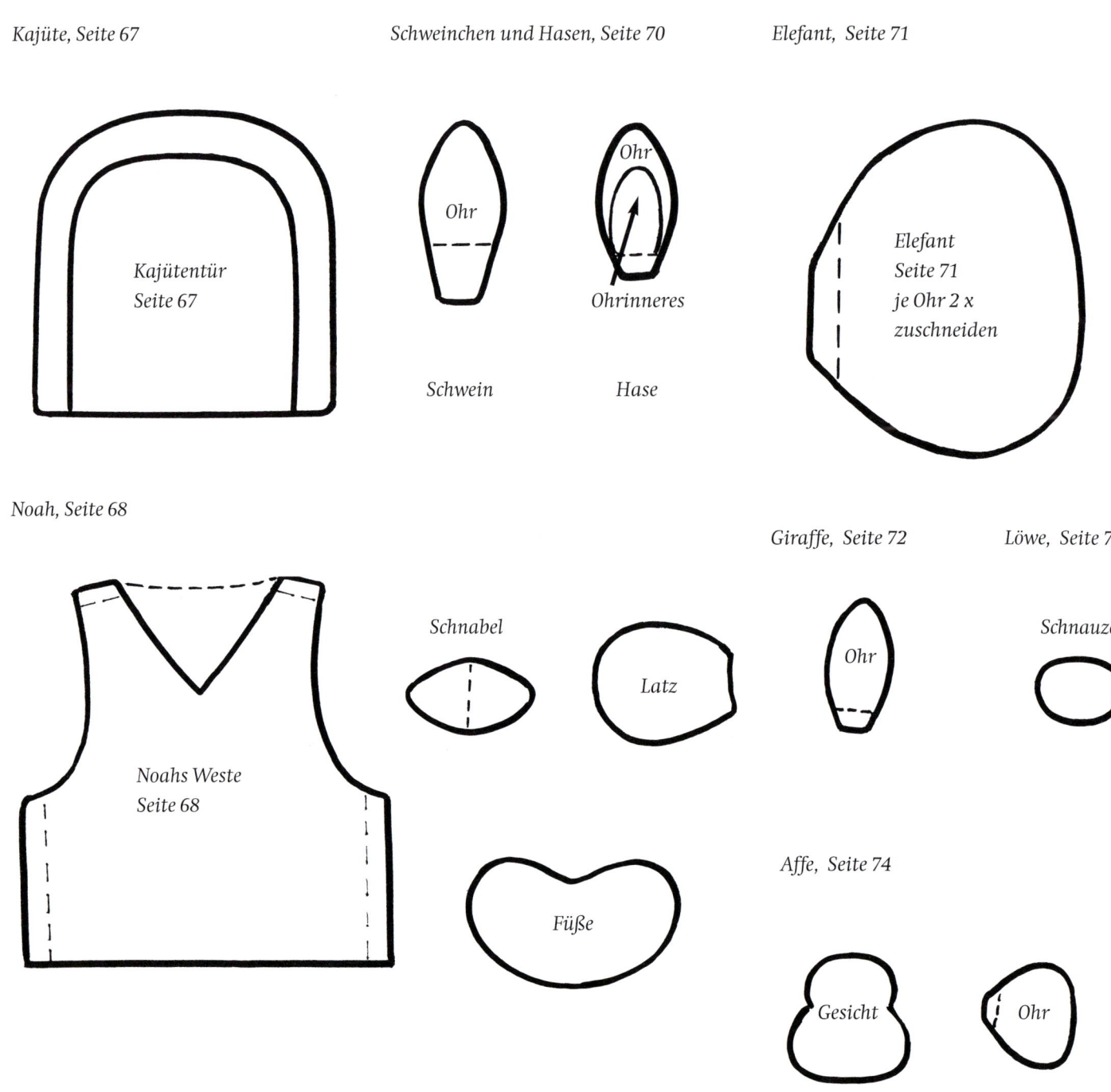

Kajüte, Seite 67

Kajütentür
Seite 67

Schweinchen und Hasen, Seite 70

Ohr

Schwein

Ohr

Ohrinneres

Hase

Elefant, Seite 71

Elefant
Seite 71
je Ohr 2 x
zuschneiden

Noah, Seite 68

Noahs Weste
Seite 68

Schnabel

Latz

Füße

Giraffe, Seite 72

Ohr

Löwe, Seite 73

Schnauze

Affe, Seite 74

Gesicht

Ohr

witzig und praktisch

Henkeltasche mit Mäusen, Seite 75

Gürteltasche mit Raupe, Seite 76

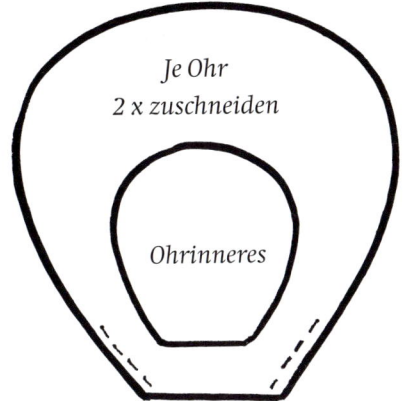

Schal mit Bärenkopf, Seite 77

Nach dem Wenden dieses Stück nach innen einschlagen

Kleidung für Modepuppen

Felljacke, Seite 79

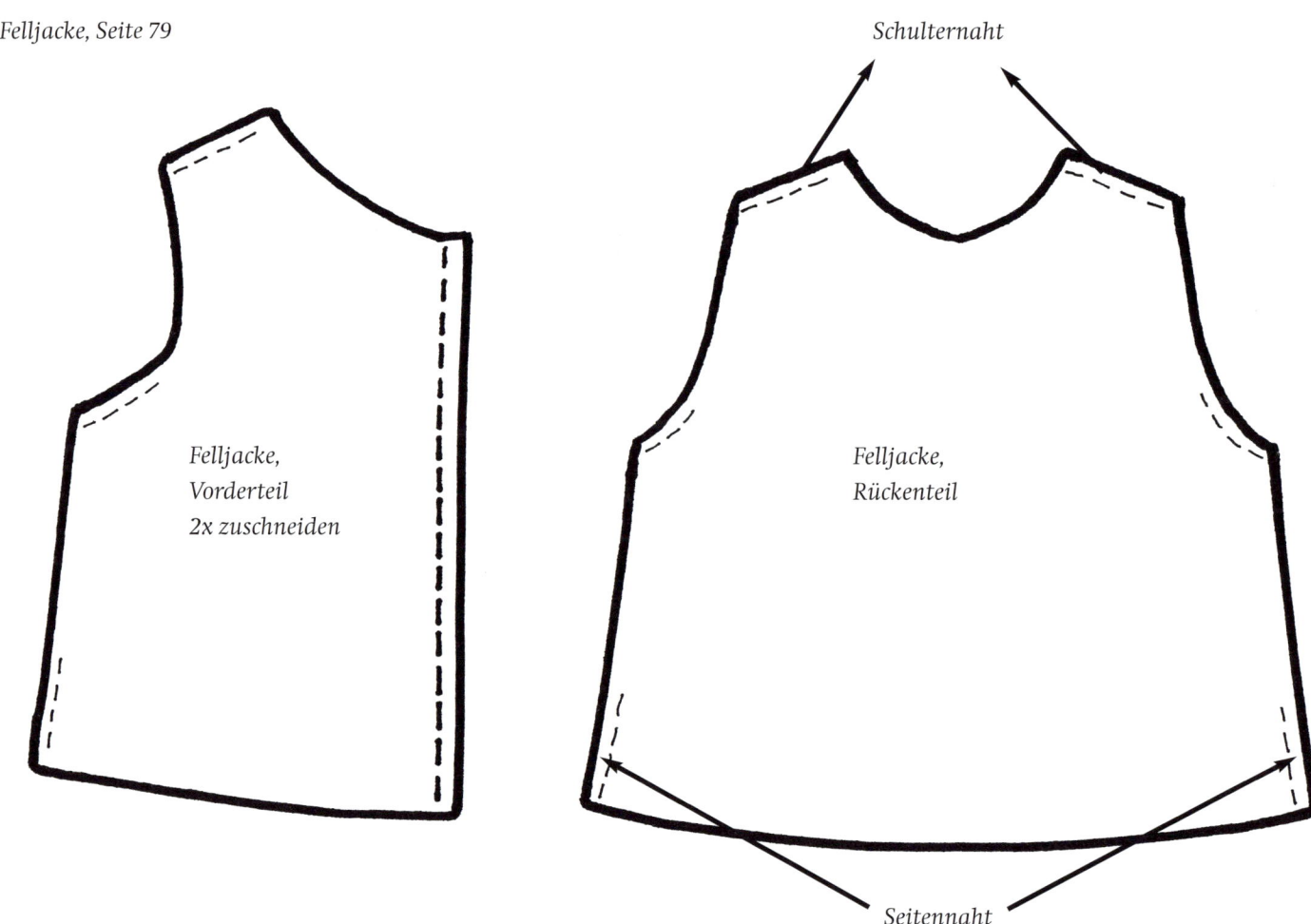

*Felljacke,
Vorderteil
2x zuschneiden*

Schulternaht

*Felljacke,
Rückenteil*

Seitennaht

Hasenparade, Seite 82

Küken, Seite 85

Ohr

Ohrinneres

Hase, grau

Hase Auge

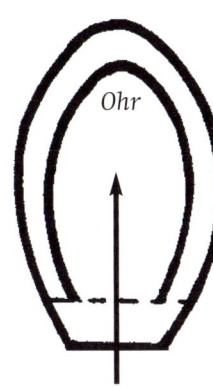

Ohr

Ohrinneres

Hase, braun und weiß

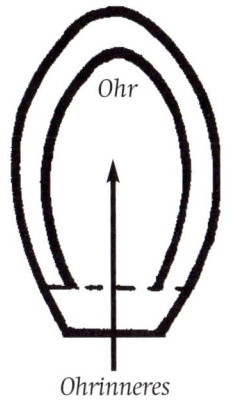

Küken,
Füße

Küken
1/4 Kappe

Hier Schirm unterkleben

Eierwärmer, Seite 84

Raupe, Mund

Raupe, Auge

Kappenschirm

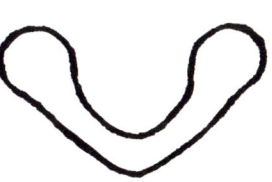

Marienkäfer, Mund

Biene, Mund

Hier ankleben

Küken, Schnabel

93

Impressum

Genehmigte Lizenzausgabe für
Verlagsgruppe Weltbild GmbH,
Steinerne Furt, 86167 Augsburg

Das Werk einschließlich aller seiner Teile
ist urheberrechtlich geschützt.

Jede Verwertung außerhalb des
Urhebergesetztes ist ohne Zustimmung
des Verlages unzulässig und strafbar. Das
gilt insbesondere für Vervielfältigungen,
Übersetzungen, Mikroverfilmungen und
die Einspeicherung in elektronischen
Systemen.

Es ist deshalb nicht gestattet, Abbildungen
dieses Buches zu scannen, in PCs oder auf
CDs zu speichern oder zu verändern oder
einzeln und zusammen mit anderen
Bildvorlagen zu manipulieren, es sei denn
mit schriftlicher Genehmigung des
Verlages.

Die im Buch veröffentlichen Ratschäge
wurden von Verfassern und Verlag sorgfäl-
tig erarbeitet und geprüft. Eine Garantie
kann dennoch nicht übernommen werden.
Ebenso ist die Haftung der Verfasser bzw.
des Verlages und seiner Beauftragten für
Personen-, Sach- und Vermögensschäden
ausgeschlossen.

Jede gewerbliche Nutzung der Arbeit und
Entwürfe ist nur mit Genehmigung von
Verfassern und Verlag gestattet.

Bastelideen für die Strickliesel
Copyright © 2006 der Originalausgabe by
Knaur Ratgeber Verlage.
Ein Unternehmen der Droemerschen
Verlagsanstalt Th. Knaur Nachf. GmbH &
Co. KG, München
Lektorat: Margit Bogner, München
Fotografie: Klaus Lipa, Diedorf / bei Augsburg

Bei der Verwendung im Unterricht und in
Kursen ist auf dieses Buch hinzuweisen.

Autoren und Verlag danken der Firma
Simba Toys GmbH & Co., Fürth, für das
Einverständnis zur Verwendung der
Modepuppe Steffi Love.

Neue Ideen für die Strickliesel
Copyright © 2002 der Originalausgabe by
Knaur Ratgeber Verlage.
Ein Unternehmen der Droemerschen
Verlagsanstalt Th. Knaur Nachf. GmbH &
Co. KG, München
Fotografie: Klaus Lipa, Diedorf bei
Augsburg
Lektorat: Helene Weinold-Leipold,
Aystetten

Umschlaggestaltung: Atelier Seidel, Teising
Gesamtherstellung: Neografia, a.s. printing
house, Martin
Printed in the EU
ISBN 978-3-8289-2641-7

2012   2011   2010
Die letzte Jahreszahl gibt die aktuelle
Lizenzausgabe an.

Alle Rechte vorbehalten.

Einkaufen im Internet: *www.weltbild.de*